Carnet de grossesse by Sophie Magie

Mère: _____

Père: _____

Nous savons que
nous sommes
enceintes depuis: _____

Notre bébé naitra le: _____

la première échographie

Naître, c'est recevoir
tout un univers
en cadeau.

C'est moi

Nom: ~~~~~~~~~~~~~~~~~~

Anniversaire: ~~~~~~~~~~~~~~~

Poids: ~~~~~~~~~~~~~~~~

Ma grossesse

comment j'ai remarqué que j'étais enceinte:

~~~~~~

~~~~~~

~~~~~~

~~~~~~

c'est ainsi que je l'ai expliqué au papa:

~~~~~~

~~~~~~

~~~~~~

~~~~~~

c'est ainsi qu'ont réagit nos amis et notre famille:

~~~~~~

~~~~~~

~~~~~~

~~~~~~

Ma valise pour la clinique

Baby To Do

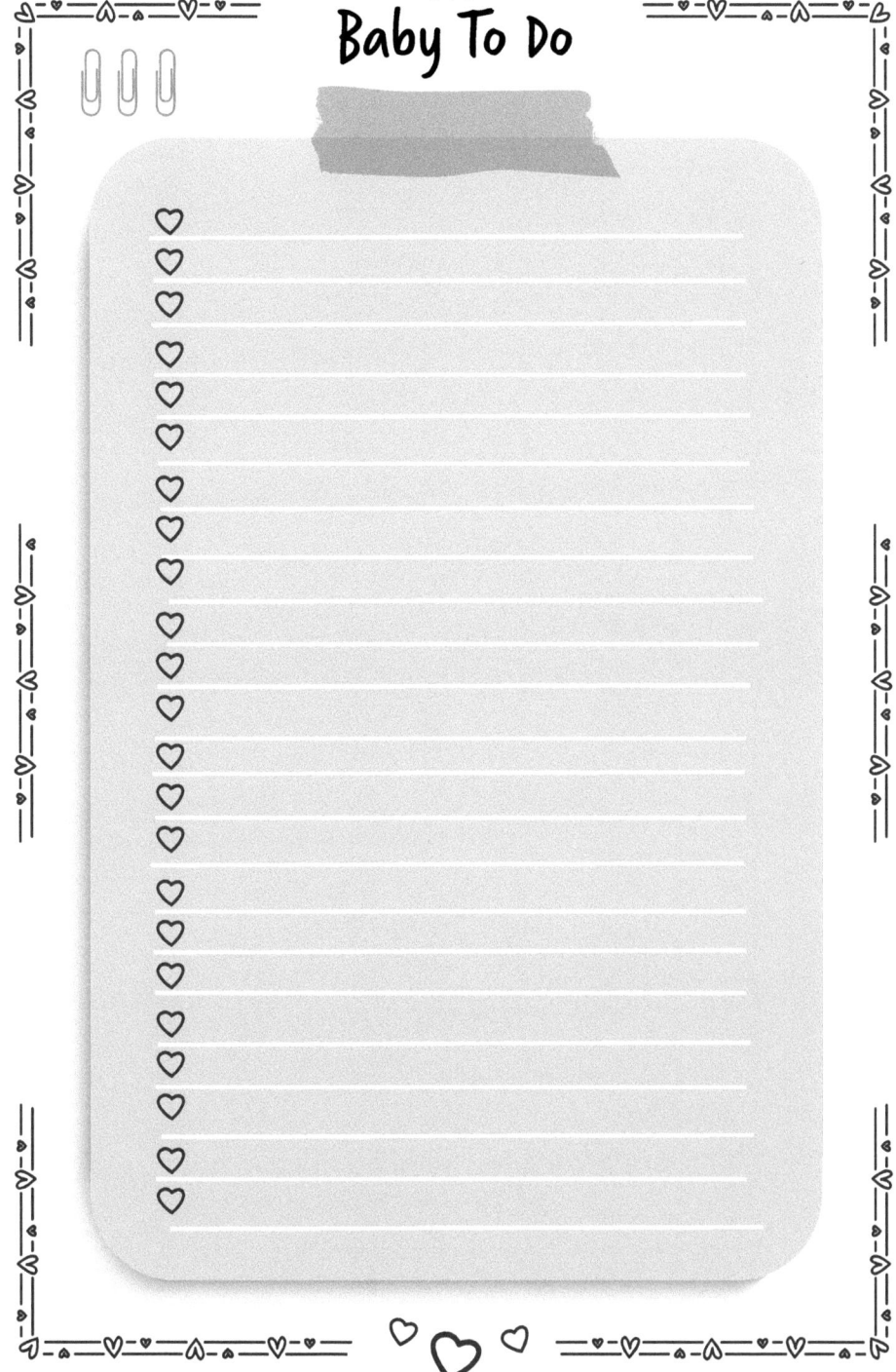

Matériel de base pour bébé

Possibilités de prénoms

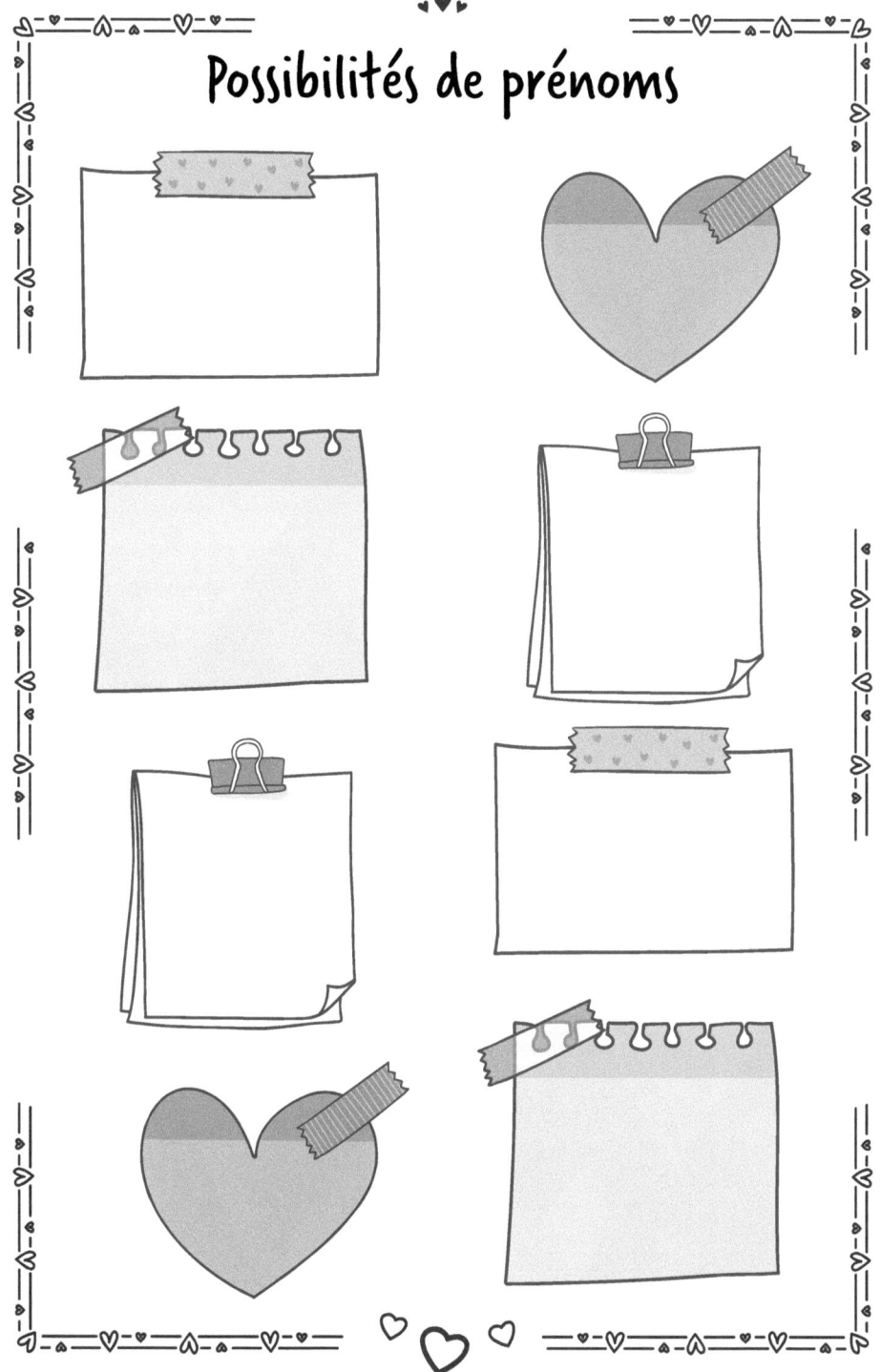

Photo de mon ventre

1er mois

Semaine 5

Cher journal,

Date: ~~~~~~~~

~~~~~~

~~~~~~

~~~~~~

~~~~~~

~~~~~~

~~~~~~

Mon poids: ....kg

La nourriture qui me fait le plus envie:

voilà comment je me sens:

Circonférence abdominale: .... cm

Moral au plus haut de la semaine...

Moral au plus bas de la semaine...

Souvenirs à coller ou dessiner

Semaine 6

Cher journal,   Date: ~~~~~

~~~~~~

~~~~~~

~~~~~~

~~~~~~

~~~~~~

~~~~~~

~~~~~~

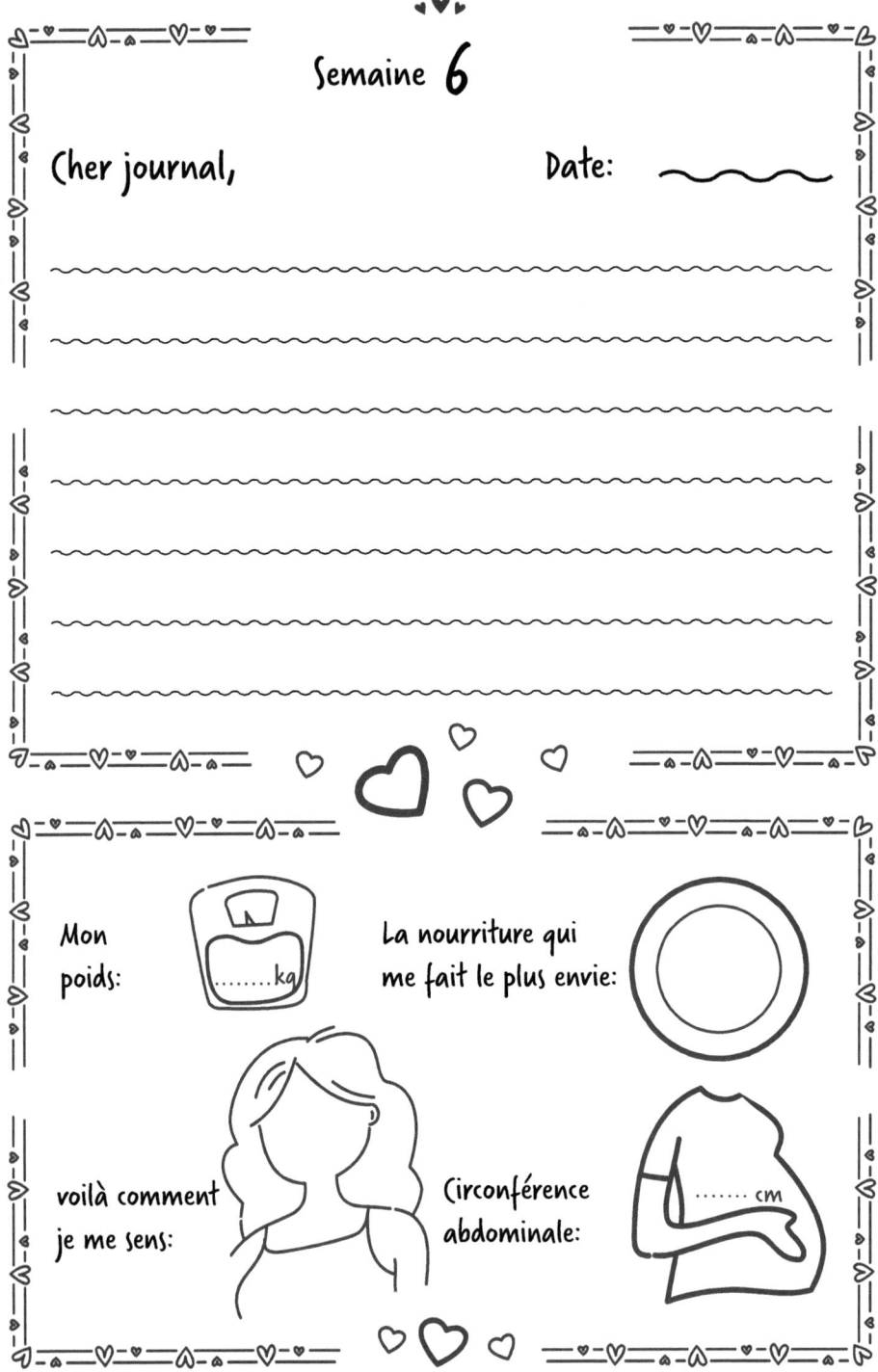

Mon poids: ....kg

La nourriture qui me fait le plus envie:

voilà comment je me sens:

Circonférence abdominale: .... cm

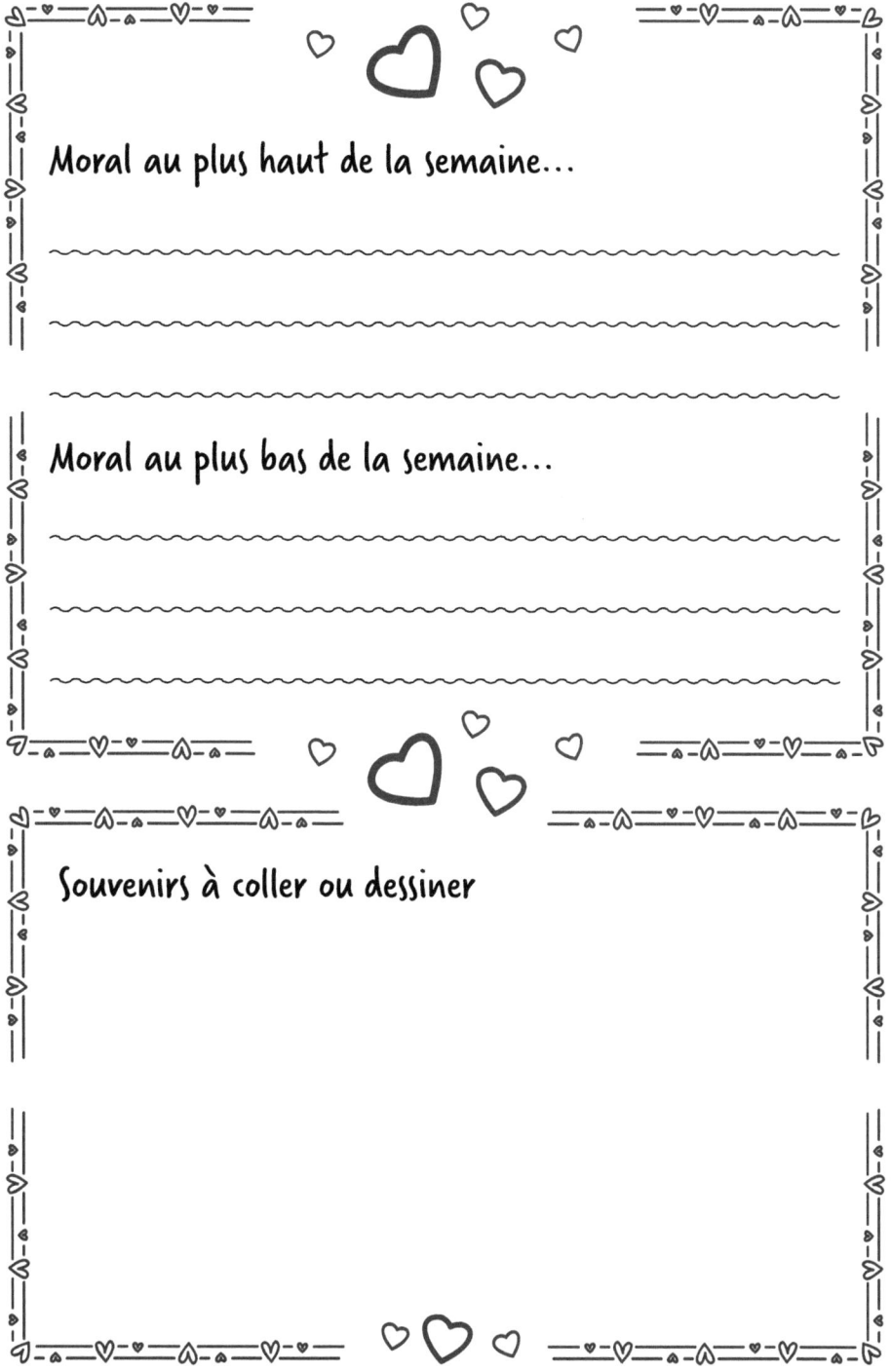

Moral au plus haut de la semaine...

Moral au plus bas de la semaine...

Souvenirs à coller ou dessiner

Semaine 7

Cher journal,

Date: ～～～～～

～～～～～～～～～～～～～～～～～～～～～～～～～～～
～～～～～～～～～～～～～～～～～～～～～～～～～～～
～～～～～～～～～～～～～～～～～～～～～～～～～～～
～～～～～～～～～～～～～～～～～～～～～～～～～～～
～～～～～～～～～～～～～～～～～～～～～～～～～～～
～～～～～～～～～～～～～～～～～～～～～～～～～～～
～～～～～～～～～～～～～～～～～～～～～～～～～～～

Mon poids: ....kg

La nourriture qui me fait le plus envie:

voilà comment je me sens:

Circonférence abdominale: .... cm

Moral au plus haut de la semaine...

Moral au plus bas de la semaine...

Souvenirs à coller ou dessiner

Semaine 8

Cher journal,   Date: ~~~~~

~~~~~~~~~~~~~~~~~~~~

~~~~~~~~~~~~~~~~~~~~

~~~~~~~~~~~~~~~~~~~~

~~~~~~~~~~~~~~~~~~~~

~~~~~~~~~~~~~~~~~~~~

~~~~~~~~~~~~~~~~~~~~

~~~~~~~~~~~~~~~~~~~~

Mon poids: ....kg

La nourriture qui me fait le plus envie:

voilà comment je me sens:

Circonférence abdominale: ....cm

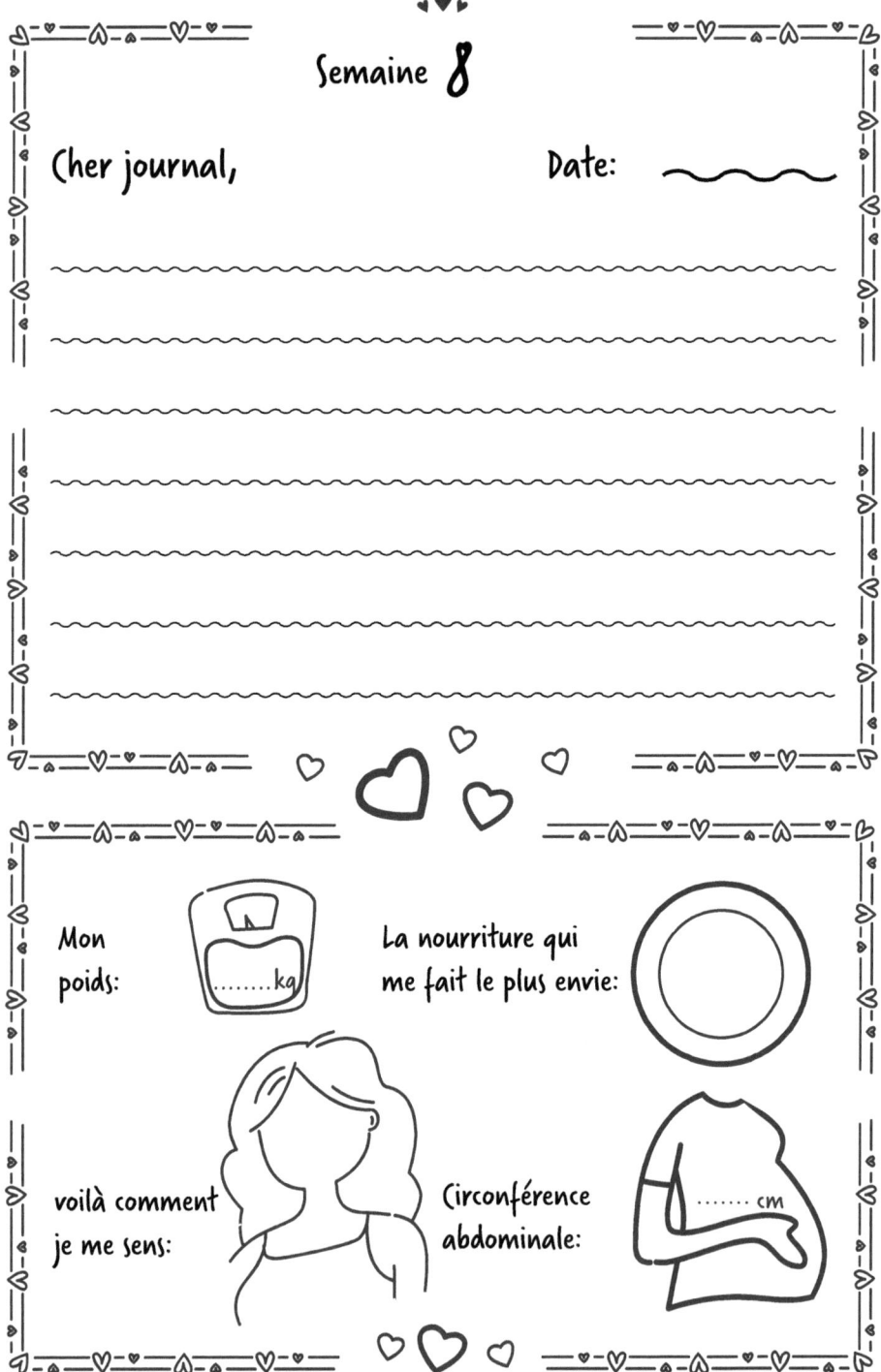

Moral au plus haut de la semaine...

Moral au plus bas de la semaine...

Souvenirs à coller ou dessiner

Photo de mon ventre

2ème mois

Semaine 9

Cher journal,   Date: ～～～～～

～～～～～～～～～～～～～～～～～～～～～～～～～

～～～～～～～～～～～～～～～～～～～～～～～～～

～～～～～～～～～～～～～～～～～～～～～～～～～

～～～～～～～～～～～～～～～～～～～～～～～～～

～～～～～～～～～～～～～～～～～～～～～～～～～

～～～～～～～～～～～～～～～～～～～～～～～～～

～～～～～～～～～～～～～～～～～～～～～～～～～

Mon
poids: ....kg

La nourriture qui
me fait le plus envie:

voilà comment
je me sens:

Circonférence
abdominale: ....cm

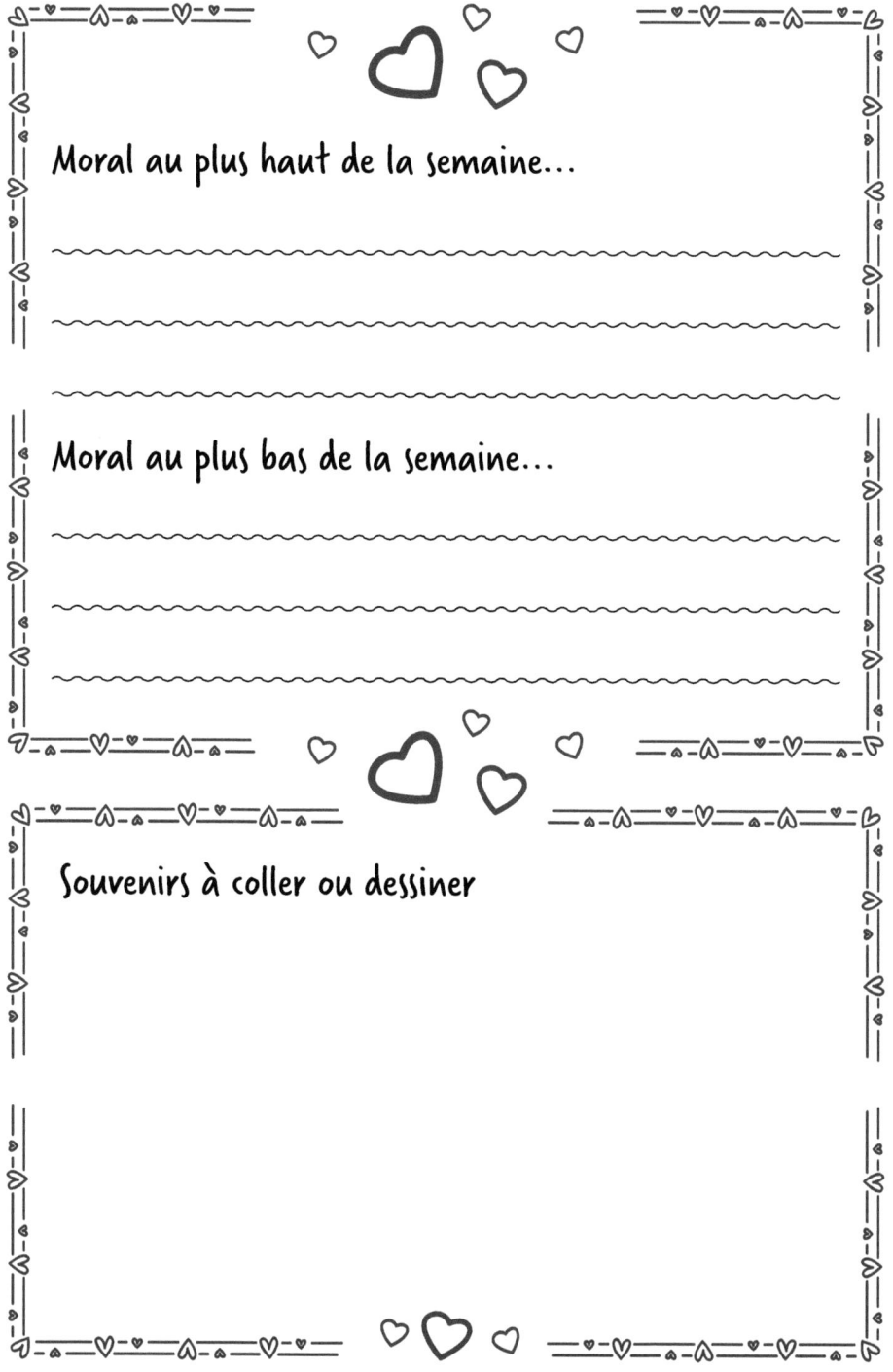

Moral au plus haut de la semaine...

Moral au plus bas de la semaine...

Souvenirs à coller ou dessiner

Semaine 10

Cher journal,   Date: ~~~~~

~~~~~~

~~~~~~

~~~~~~

~~~~~~

~~~~~~

~~~~~~

Mon poids: ....kg

La nourriture qui me fait le plus envie:

voilà comment je me sens:

Circonférence abdominale: .... cm

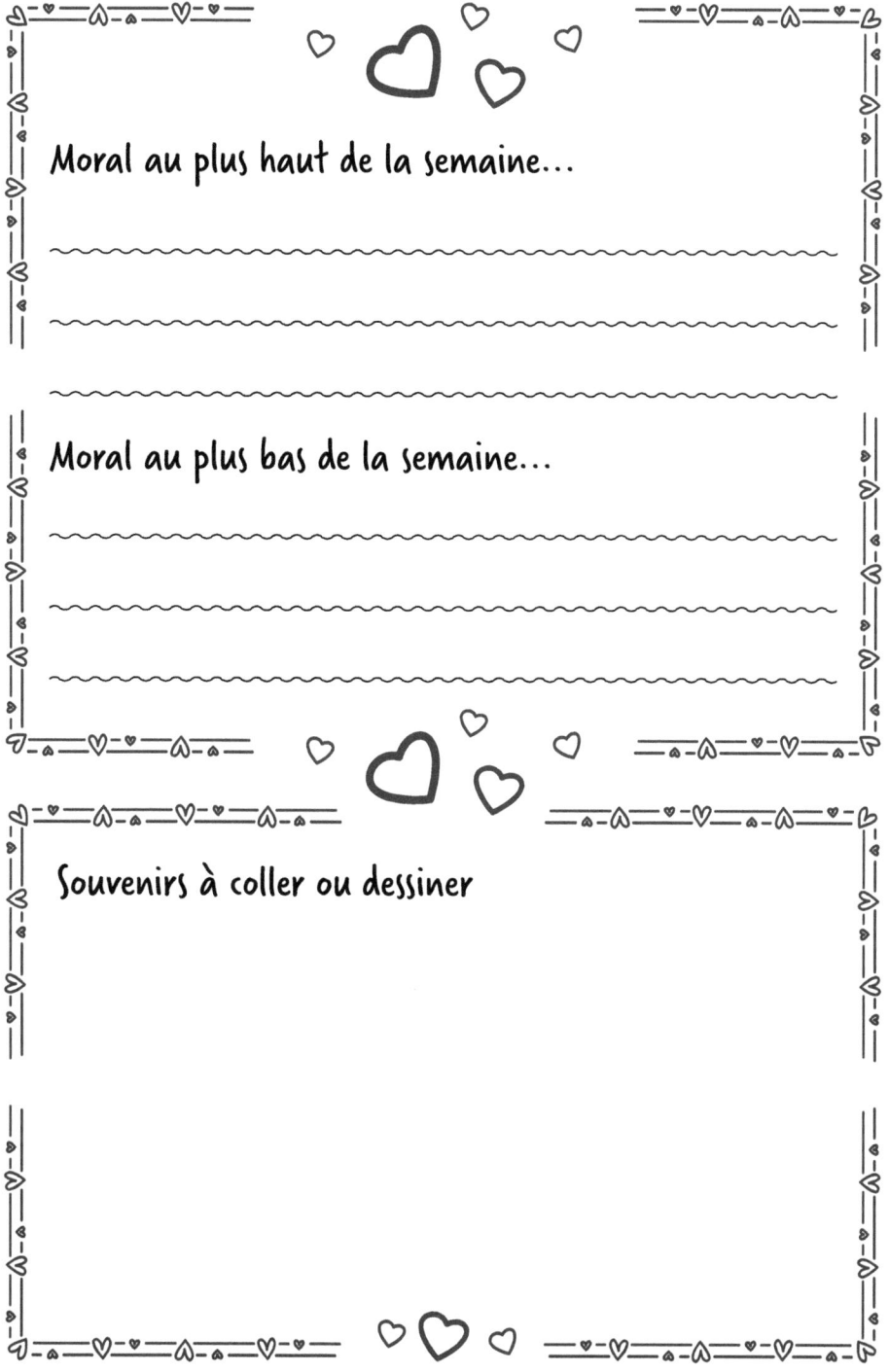

Moral au plus haut de la semaine…

~~~~~~

~~~~~~

~~~~~~

Moral au plus bas de la semaine…

~~~~~~

~~~~~~

~~~~~~

Souvenirs à coller ou dessiner

Semaine 11

Cher journal,

Date: ~~~~~~~~

~~~~~~
~~~~~~
~~~~~~
~~~~~~
~~~~~~
~~~~~~
~~~~~~

Mon poids: ....kg

La nourriture qui me fait le plus envie:

voilà comment je me sens:

Circonférence abdominale: .... cm

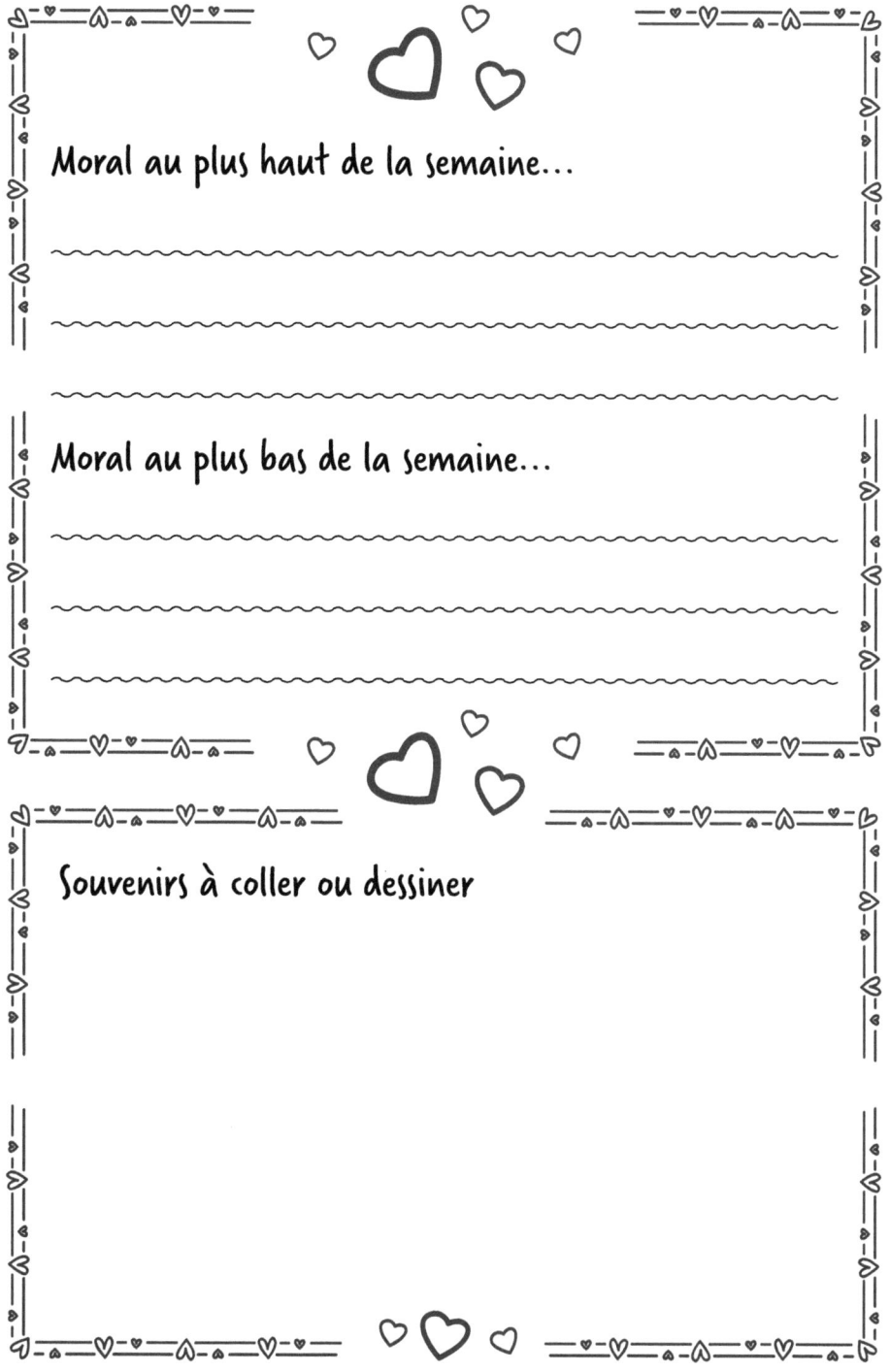

Moral au plus haut de la semaine...

~~~~~~

~~~~~~

Moral au plus bas de la semaine...

~~~~~~

~~~~~~

~~~~~~

Souvenirs à coller ou dessiner

Semaine **12**

Cher journal,

Date: ～～～～

～～～～～～～～～～～～～～～～～～

～～～～～～～～～～～～～～～～～～

～～～～～～～～～～～～～～～～～～

～～～～～～～～～～～～～～～～～～

～～～～～～～～～～～～～～～～～～

～～～～～～～～～～～～～～～～～～

～～～～～～～～～～～～～～～～～～

Mon
poids: ....kg

La nourriture qui
me fait le plus envie:

voilà comment
je me sens:

Circonférence
abdominale: .... cm

Moral au plus haut de la semaine...

Moral au plus bas de la semaine...

Souvenirs à coller ou dessiner

Photo de mon ventre

3ème mois

Ce sera....

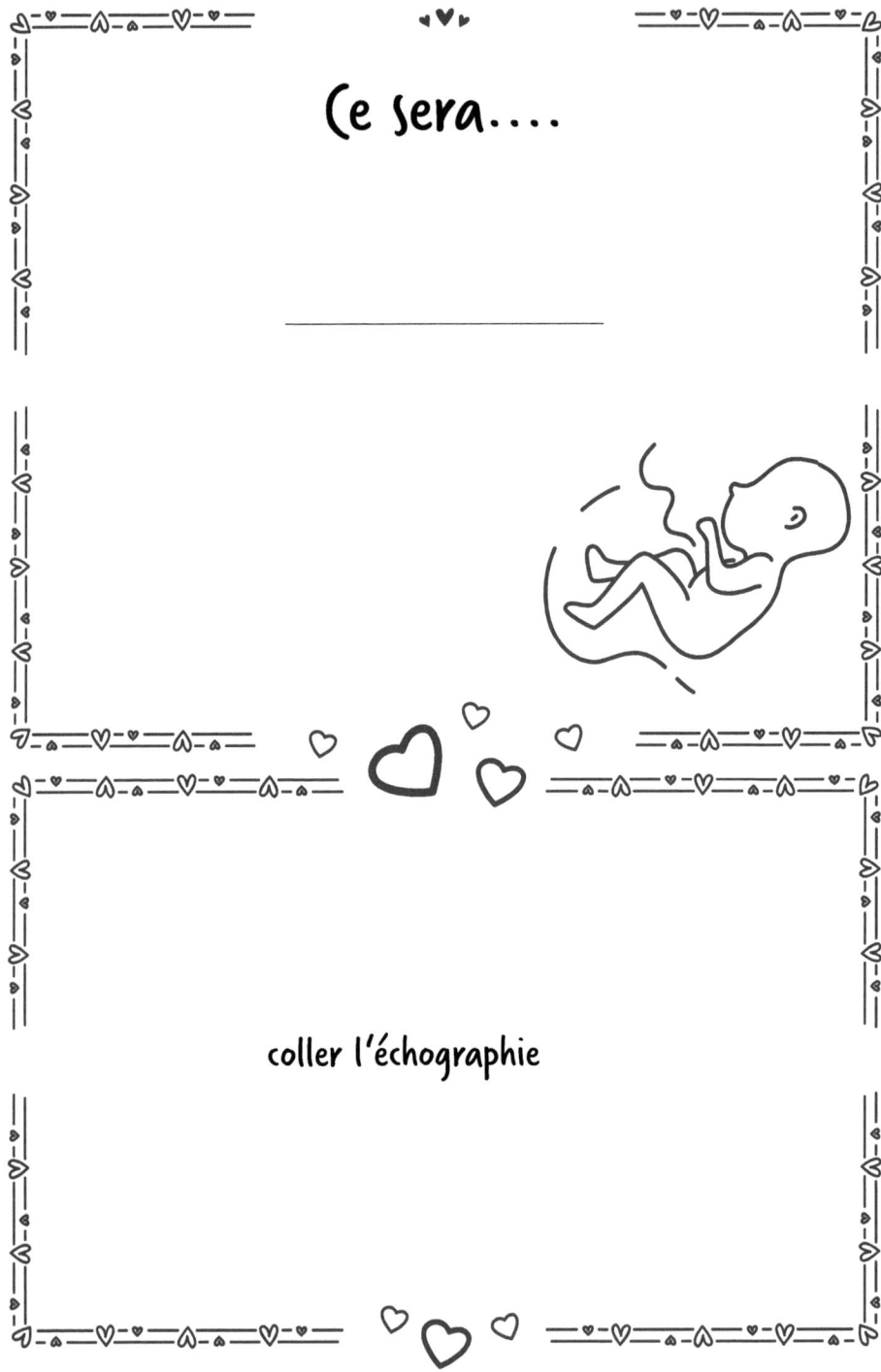

_____

coller l'échographie

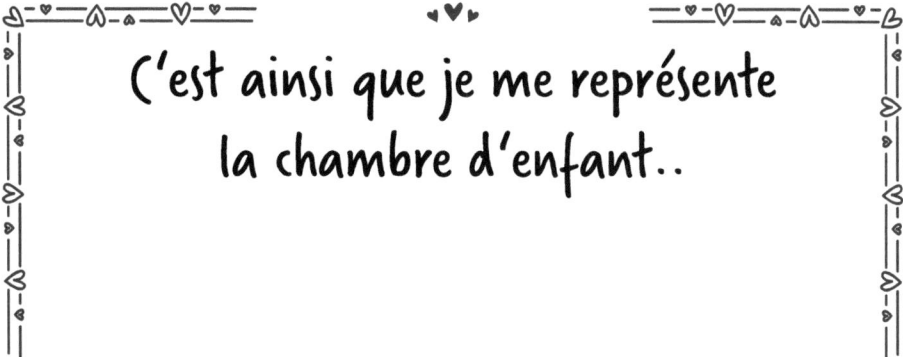

C'est ainsi que je me représente la chambre d'enfant..

Fais un collage photo de chambres
d'enfants qui t'inspirent

Semaine **13**

Cher journal,   Date: ~~~~~~~~

~~~~~~~~~~~~~~~~~~~~~~~~~~~~~~~~~~

~~~~~~~~~~~~~~~~~~~~~~~~~~~~~~~~~~

~~~~~~~~~~~~~~~~~~~~~~~~~~~~~~~~~~

~~~~~~~~~~~~~~~~~~~~~~~~~~~~~~~~~~

~~~~~~~~~~~~~~~~~~~~~~~~~~~~~~~~~~

~~~~~~~~~~~~~~~~~~~~~~~~~~~~~~~~~~

~~~~~~~~~~~~~~~~~~~~~~~~~~~~~~~~~~

Mon poids: ....kg

La nourriture qui me fait le plus envie:

voilà comment je me sens:

Circonférence abdominale: .... cm

Moral au plus haut de la semaine...

Moral au plus bas de la semaine...

Souvenirs à coller ou dessiner

Semaine 14

Cher journal,

Date: _____

~~~~~~

~~~~~~

~~~~~~

~~~~~~

~~~~~~

~~~~~~

Mon poids: ....kg

La nourriture qui me fait le plus envie:

voilà comment je me sens:

Circonférence abdominale: .... cm

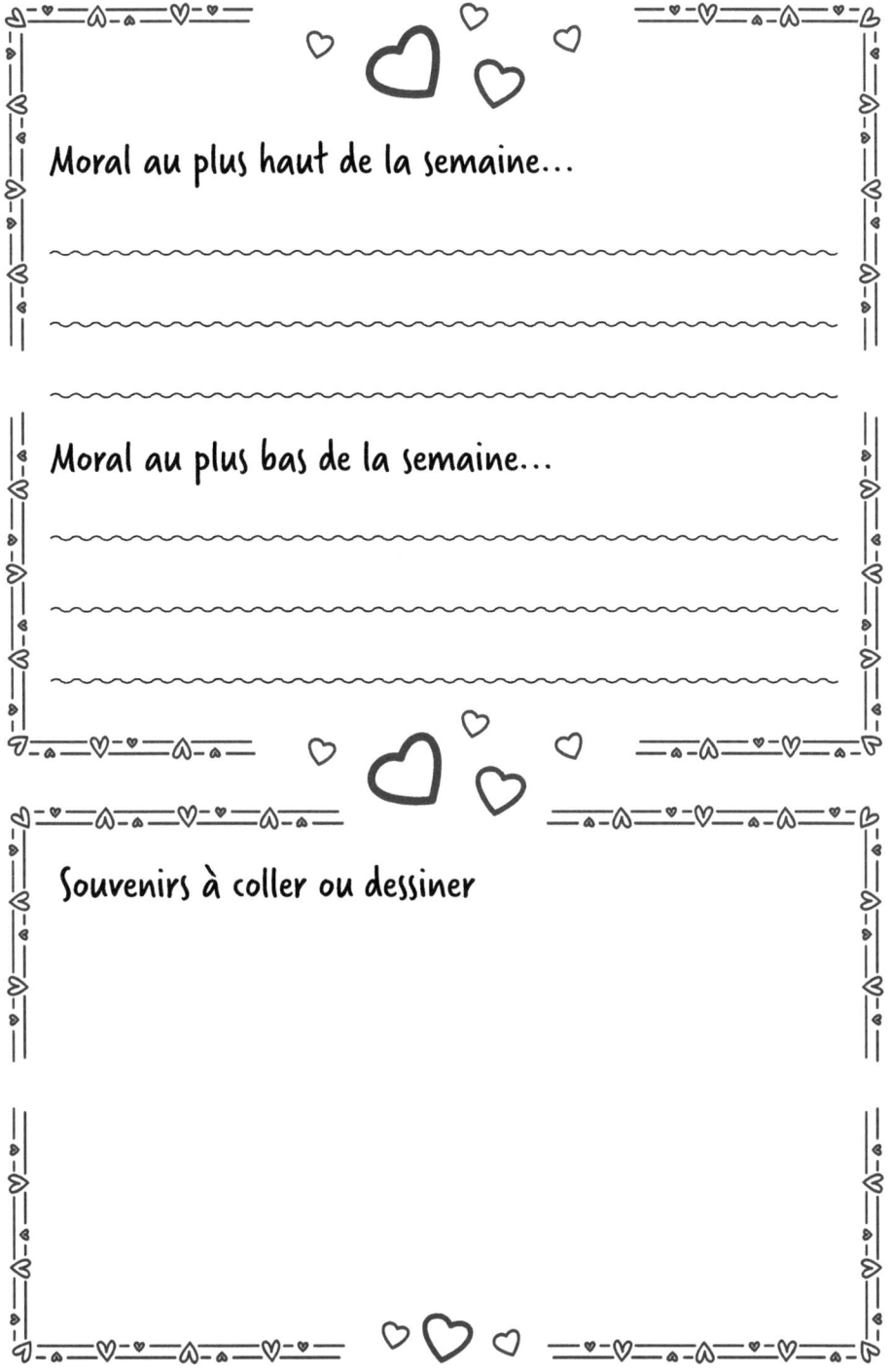

Moral au plus haut de la semaine...

Moral au plus bas de la semaine...

Souvenirs à coller ou dessiner

Semaine 15

Cher journal,   Date: ~~~~

~~~~~~

~~~~~~

~~~~~~

~~~~~~

~~~~~~

~~~~~~

~~~~~~

Mon poids: ....kg

La nourriture qui me fait le plus envie:

voilà comment je me sens:

Circonférence abdominale: .... cm

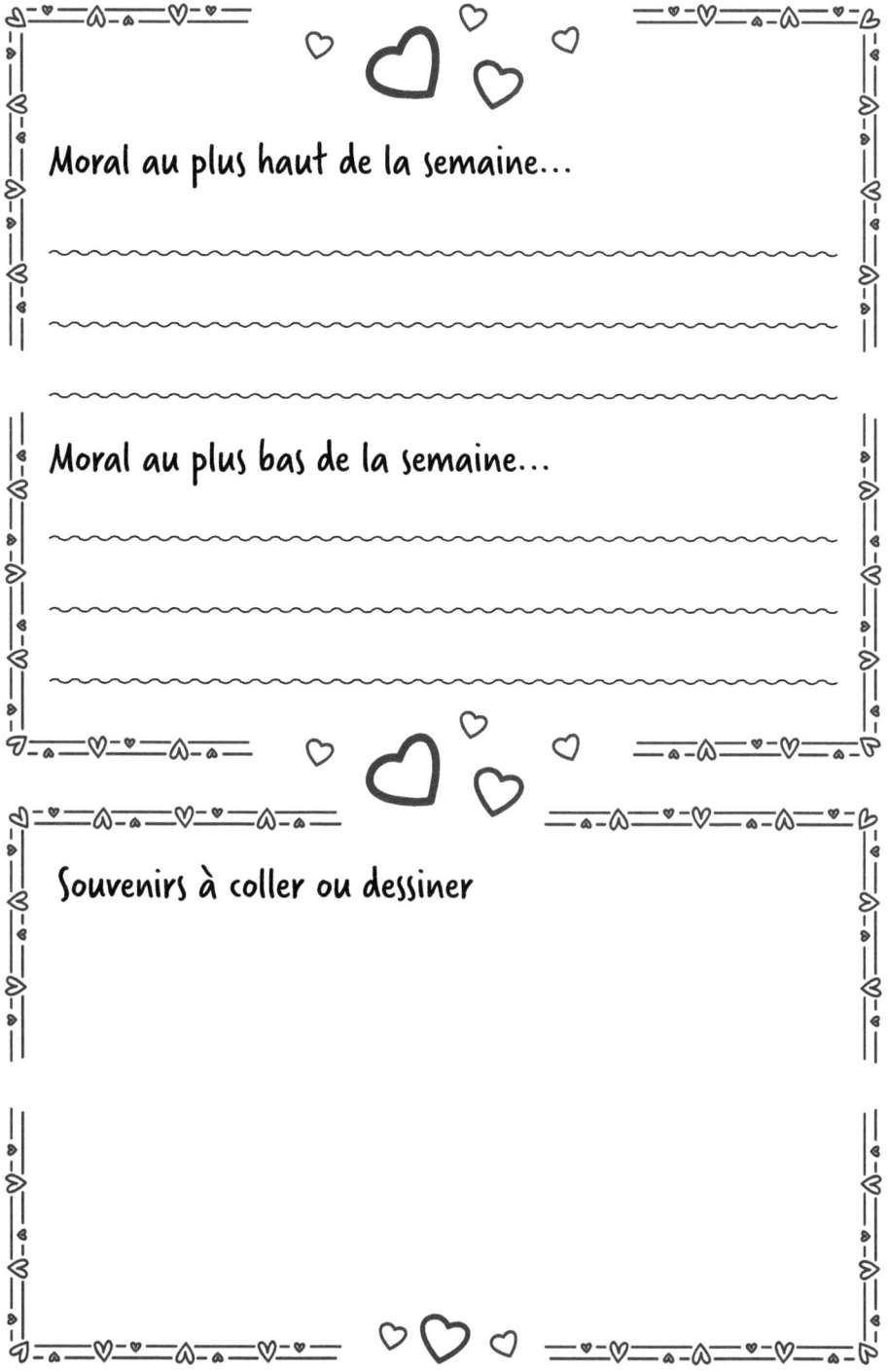

Moral au plus haut de la semaine...

~~~~~~

~~~~~~

~~~~~~

Moral au plus bas de la semaine...

~~~~~~

~~~~~~

~~~~~~

Souvenirs à coller ou dessiner

Cher journal,

Date: ~~~~~~~~~

~~~~~~~~~~~~~~~~~~~~~~~~~~~~~~~~~~~~~~~

~~~~~~~~~~~~~~~~~~~~~~~~~~~~~~~~~~~~~~~

~~~~~~~~~~~~~~~~~~~~~~~~~~~~~~~~~~~~~~~

~~~~~~~~~~~~~~~~~~~~~~~~~~~~~~~~~~~~~~~

~~~~~~~~~~~~~~~~~~~~~~~~~~~~~~~~~~~~~~~

~~~~~~~~~~~~~~~~~~~~~~~~~~~~~~~~~~~~~~~

~~~~~~~~~~~~~~~~~~~~~~~~~~~~~~~~~~~~~~~

Mon poids: ....kg

La nourriture qui me fait le plus envie:

voilà comment je me sens:

Circonférence abdominale: .... cm

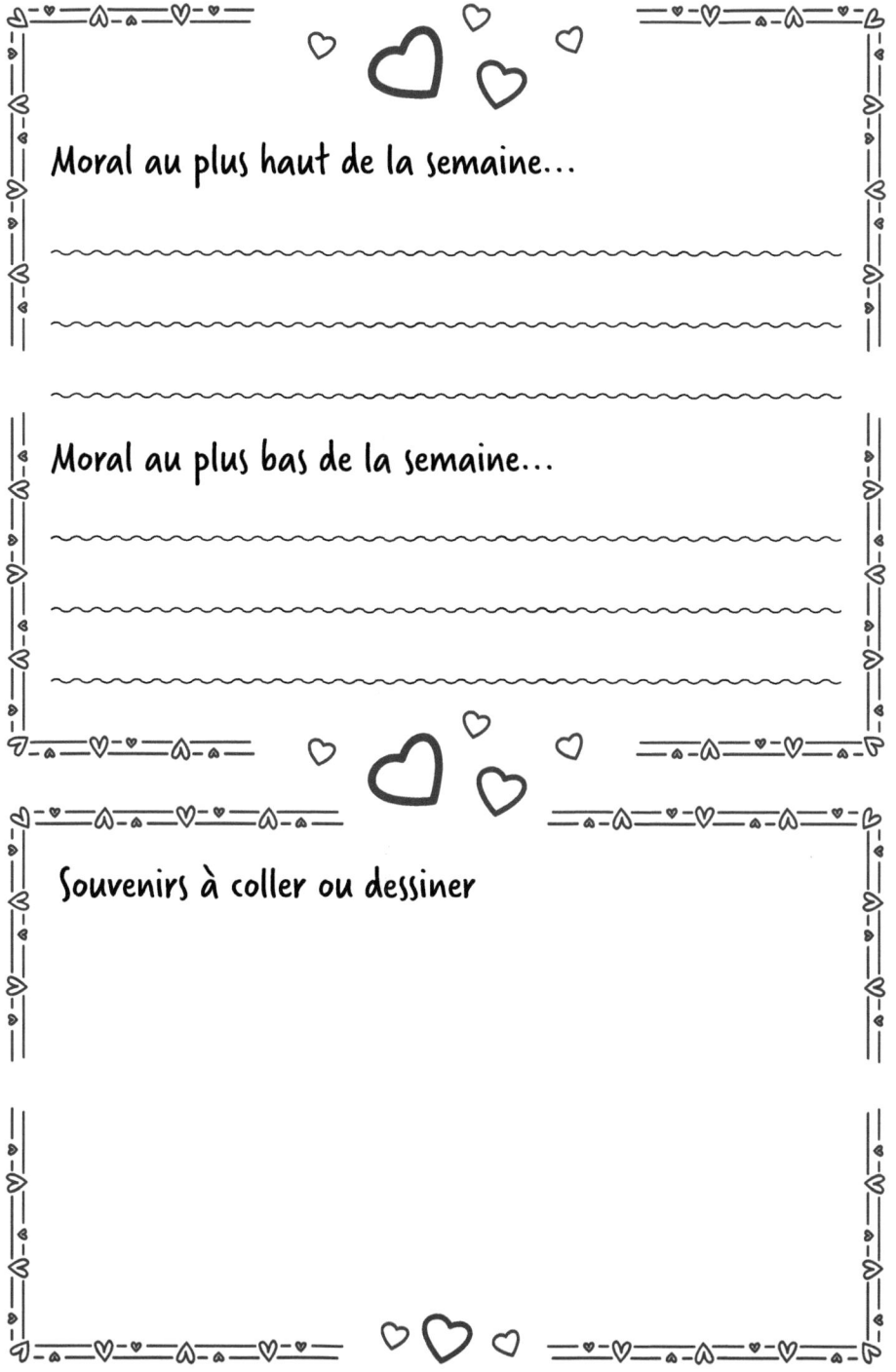

Moral au plus haut de la semaine...

Moral au plus bas de la semaine...

Souvenirs à coller ou dessiner

Photo de mon ventre

4ème mois

Semaine 17

Cher journal,   Date: ~~~~~~~

~~~~~~

~~~~~~

~~~~~~

~~~~~~

~~~~~~

~~~~~~

~~~~~~

Mon poids: ....kg

La nourriture qui me fait le plus envie:

voilà comment je me sens:

Circonférence abdominale: .... cm

Moral au plus haut de la semaine...

Moral au plus bas de la semaine...

Souvenirs à coller ou dessiner

Semaine **18**

Cher journal,   Date: ~~~~~~~

~~~~~~

~~~~~~

~~~~~~

~~~~~~

~~~~~~

~~~~~~

~~~~~~

Mon poids: ....kg

La nourriture qui me fait le plus envie:

voilà comment je me sens:

Circonférence abdominale: ....cm

Moral au plus haut de la semaine…

~~~~~~

~~~~~~

~~~~~~

Moral au plus bas de la semaine…

~~~~~~

~~~~~~

~~~~~~

Souvenirs à coller ou dessiner

Semaine 19

Cher journal,   Date: ~~~~~~~

~~~~~~~~~~~~~~~~~~~~~~~~~~~~~~~~~~~~~

~~~~~~~~~~~~~~~~~~~~~~~~~~~~~~~~~~~~~

~~~~~~~~~~~~~~~~~~~~~~~~~~~~~~~~~~~~~

~~~~~~~~~~~~~~~~~~~~~~~~~~~~~~~~~~~~~

~~~~~~~~~~~~~~~~~~~~~~~~~~~~~~~~~~~~~

~~~~~~~~~~~~~~~~~~~~~~~~~~~~~~~~~~~~~

Mon poids: ....kg

La nourriture qui me fait le plus envie:

voilà comment je me sens:

Circonférence abdominale: .... cm

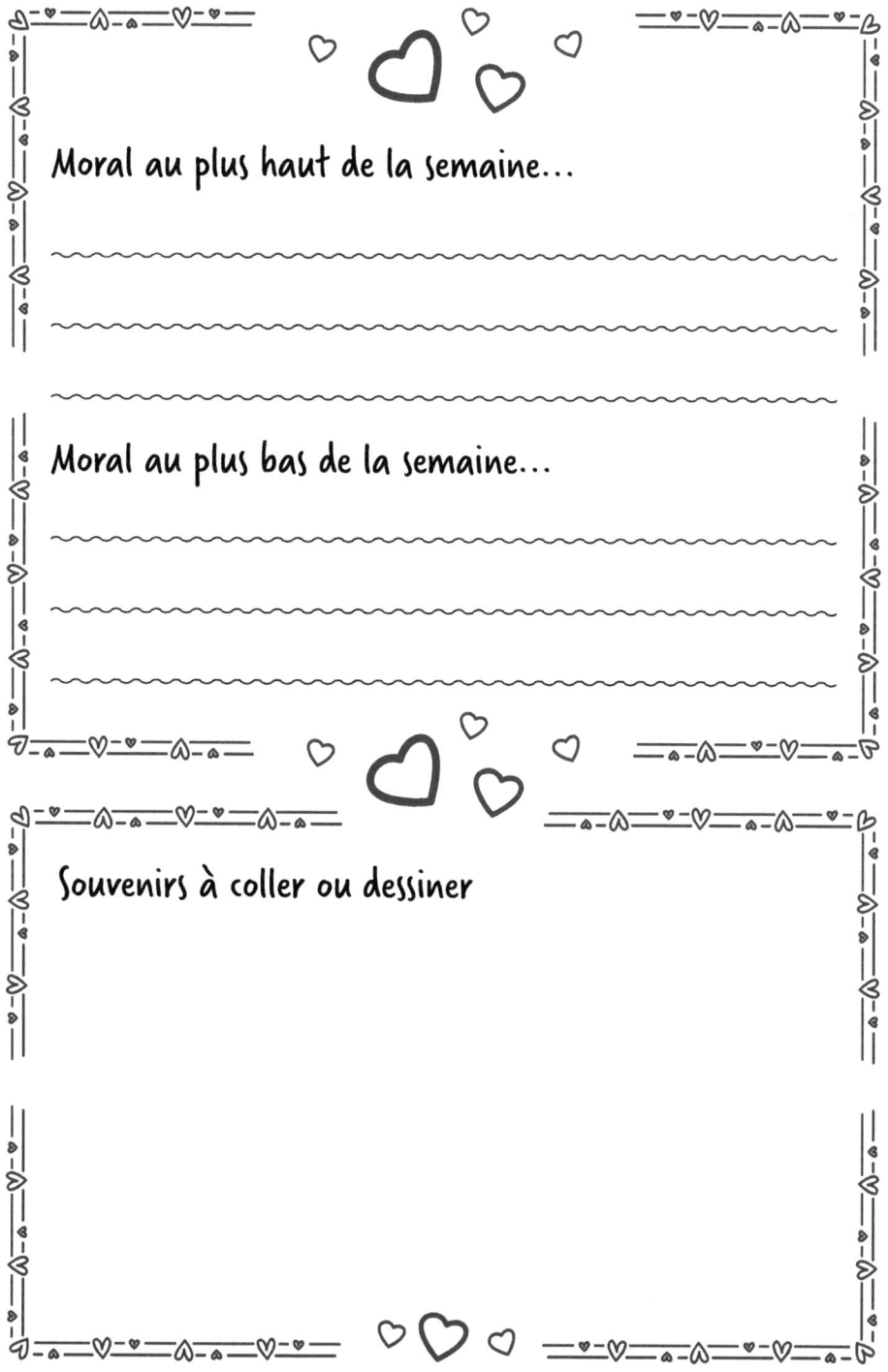

Moral au plus haut de la semaine...

~~~~~~

~~~~~~

Moral au plus bas de la semaine...

~~~~~~

~~~~~~

~~~~~~

Souvenirs à coller ou dessiner

Semaine **20**

Cher journal,   Date: ~~~~~~~~

~~~~~~~~~~~~~~~~~~~~~~~~~~~~~~~~~~~~~~

~~~~~~~~~~~~~~~~~~~~~~~~~~~~~~~~~~~~~

~~~~~~~~~~~~~~~~~~~~~~~~~~~~~~~~~~~~~

~~~~~~~~~~~~~~~~~~~~~~~~~~~~~~~~~~~~~

~~~~~~~~~~~~~~~~~~~~~~~~~~~~~~~~~~~~~

~~~~~~~~~~~~~~~~~~~~~~~~~~~~~~~~~~~~~

~~~~~~~~~~~~~~~~~~~~~~~~~~~~~~~~~~~~~

Mon poids: ....kg

La nourriture qui me fait le plus envie:

voilà comment je me sens:

Circonférence abdominale: .... cm

Moral au plus haut de la semaine...

Moral au plus bas de la semaine...

Souvenirs à coller ou dessiner

Photo de mon ventre

5ème mois

Semaine **21**

Cher journal,   Date: ~~~~~~~~

~~~~~~~~~~~~~~~~~~~~~~~~~~~~~~~~~~~~~

~~~~~~~~~~~~~~~~~~~~~~~~~~~~~~~~~~~~~

~~~~~~~~~~~~~~~~~~~~~~~~~~~~~~~~~~~~~

~~~~~~~~~~~~~~~~~~~~~~~~~~~~~~~~~~~~~

~~~~~~~~~~~~~~~~~~~~~~~~~~~~~~~~~~~~~

~~~~~~~~~~~~~~~~~~~~~~~~~~~~~~~~~~~~~

~~~~~~~~~~~~~~~~~~~~~~~~~~~~~~~~~~~~~

Mon poids: ....kg

La nourriture qui me fait le plus envie:

voilà comment je me sens:

Circonférence abdominale: .... cm

Moral au plus haut de la semaine...

Moral au plus bas de la semaine...

Souvenirs à coller ou dessiner

Semaine 22

Cher journal,

Date: ～～～～

～～～～～～～～～～～～～～～～～～～～～～～～～～

～～～～～～～～～～～～～～～～～～～～～～～～～～

～～～～～～～～～～～～～～～～～～～～～～～～～～

～～～～～～～～～～～～～～～～～～～～～～～～～～

～～～～～～～～～～～～～～～～～～～～～～～～～～

～～～～～～～～～～～～～～～～～～～～～～～～～～

～～～～～～～～～～～～～～～～～～～～～～～～～～

Mon poids: ....kg

La nourriture qui me fait le plus envie:

voilà comment je me sens:

Circonférence abdominale: .... cm

Moral au plus haut de la semaine...

~~~~~~

~~~~~~

~~~~~~

Moral au plus bas de la semaine...

~~~~~~

~~~~~~

~~~~~~

Souvenirs à coller ou dessiner

Cher journal,   Date: 〜〜〜

〜〜〜〜〜〜〜〜〜〜〜〜〜〜〜〜〜〜

〜〜〜〜〜〜〜〜〜〜〜〜〜〜〜〜〜〜

〜〜〜〜〜〜〜〜〜〜〜〜〜〜〜〜〜〜

〜〜〜〜〜〜〜〜〜〜〜〜〜〜〜〜〜〜

〜〜〜〜〜〜〜〜〜〜〜〜〜〜〜〜〜〜

〜〜〜〜〜〜〜〜〜〜〜〜〜〜〜〜〜〜

Mon
poids: ....kg

La nourriture qui
me fait le plus envie:

voilà comment
je me sens:

Circonférence
abdominale: .... cm

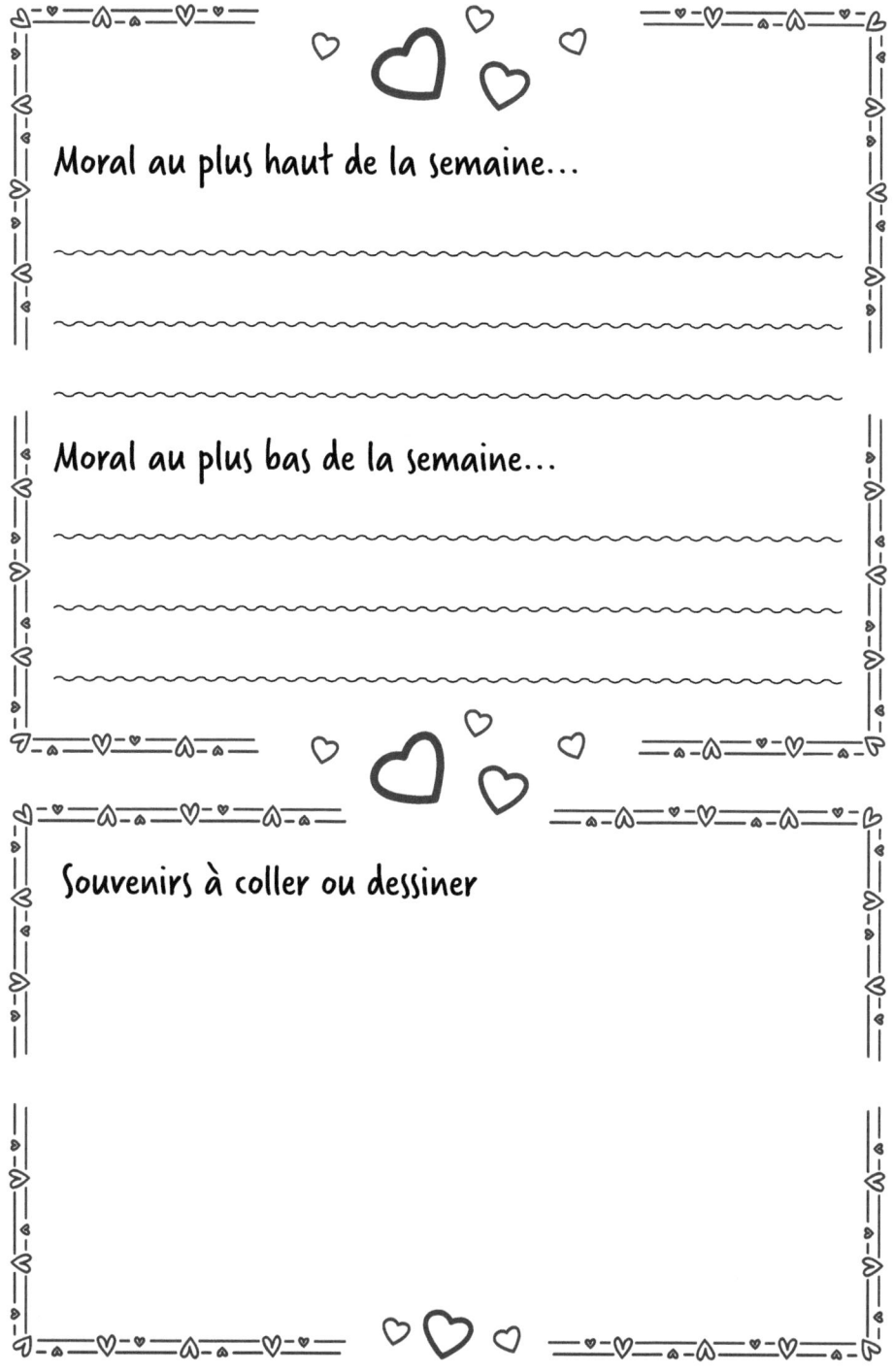

Moral au plus haut de la semaine…

Moral au plus bas de la semaine…

Souvenirs à coller ou dessiner

Semaine **24**

Cher journal,

Date: ~~~~~~

~~~~~~

~~~~~~

~~~~~~

~~~~~~

~~~~~~

~~~~~~

~~~~~~

Mon poids: ....kg

La nourriture qui me fait le plus envie:

voilà comment je me sens:

Circonférence abdominale: .... cm

Moral au plus haut de la semaine...

~~~~~~

~~~~~~

~~~~~~

Moral au plus bas de la semaine...

~~~~~~

~~~~~~

~~~~~~

Souvenirs à coller ou dessiner

Photo de mon ventre

6ème mois

Cher journal,

Date: 〜〜〜〜

〜〜〜〜〜〜〜〜〜〜〜〜〜〜〜〜〜〜〜〜〜〜〜〜〜〜〜〜〜〜〜〜〜〜

〜〜〜〜〜〜〜〜〜〜〜〜〜〜〜〜〜〜〜〜〜〜〜〜〜〜〜〜〜〜〜〜〜〜

〜〜〜〜〜〜〜〜〜〜〜〜〜〜〜〜〜〜〜〜〜〜〜〜〜〜〜〜〜〜〜〜〜〜

〜〜〜〜〜〜〜〜〜〜〜〜〜〜〜〜〜〜〜〜〜〜〜〜〜〜〜〜〜〜〜〜〜〜

〜〜〜〜〜〜〜〜〜〜〜〜〜〜〜〜〜〜〜〜〜〜〜〜〜〜〜〜〜〜〜〜〜〜

〜〜〜〜〜〜〜〜〜〜〜〜〜〜〜〜〜〜〜〜〜〜〜〜〜〜〜〜〜〜〜〜〜〜

Mon poids: ....kg

La nourriture qui me fait le plus envie:

voilà comment je me sens:

Circonférence abdominale: .... cm

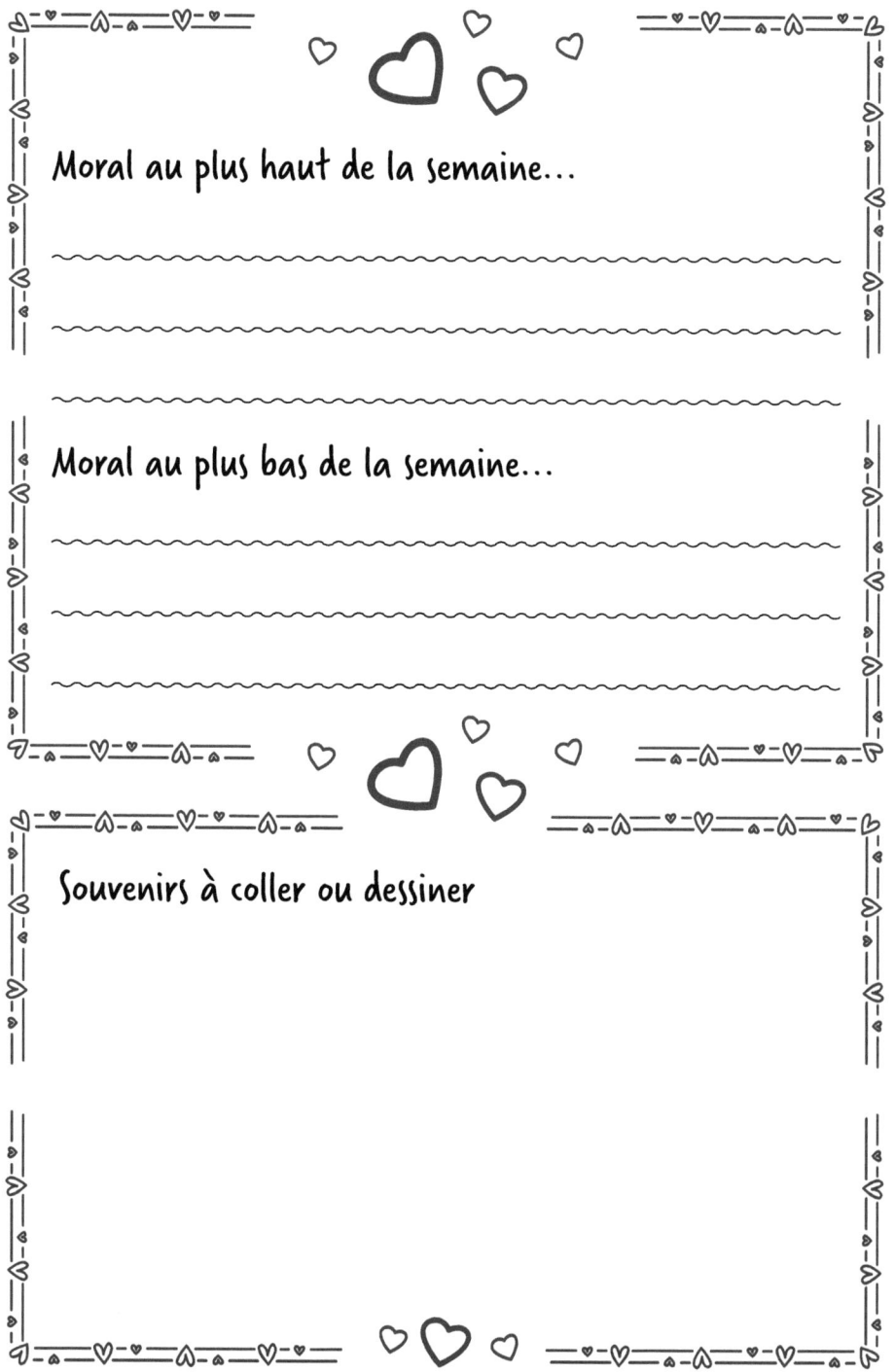

Moral au plus haut de la semaine...

Moral au plus bas de la semaine...

Souvenirs à coller ou dessiner

Semaine **26**

Cher journal,   Date: ~~~~~~~

~~~~~~

~~~~~~

~~~~~~

~~~~~~

~~~~~~

~~~~~~

~~~~~~

Mon poids: ....kg

La nourriture qui me fait le plus envie:

voilà comment je me sens:

Circonférence abdominale: .... cm

Moral au plus haut de la semaine...

Moral au plus bas de la semaine...

Souvenirs à coller ou dessiner

Semaine 27

Cher journal,

Date: ～～～～

～～～～～～～～～～～～～～～～
～～～～～～～～～～～～～～～～

～～～～～～～～～～～～～～～～
～～～～～～～～～～～～～～～～
～～～～～～～～～～～～～～～～
～～～～～～～～～～～～～～～～
～～～～～～～～～～～～～～～～

Mon
poids: ....kg

La nourriture qui
me fait le plus envie:

voilà comment
je me sens:

Circonférence
abdominale: .... cm

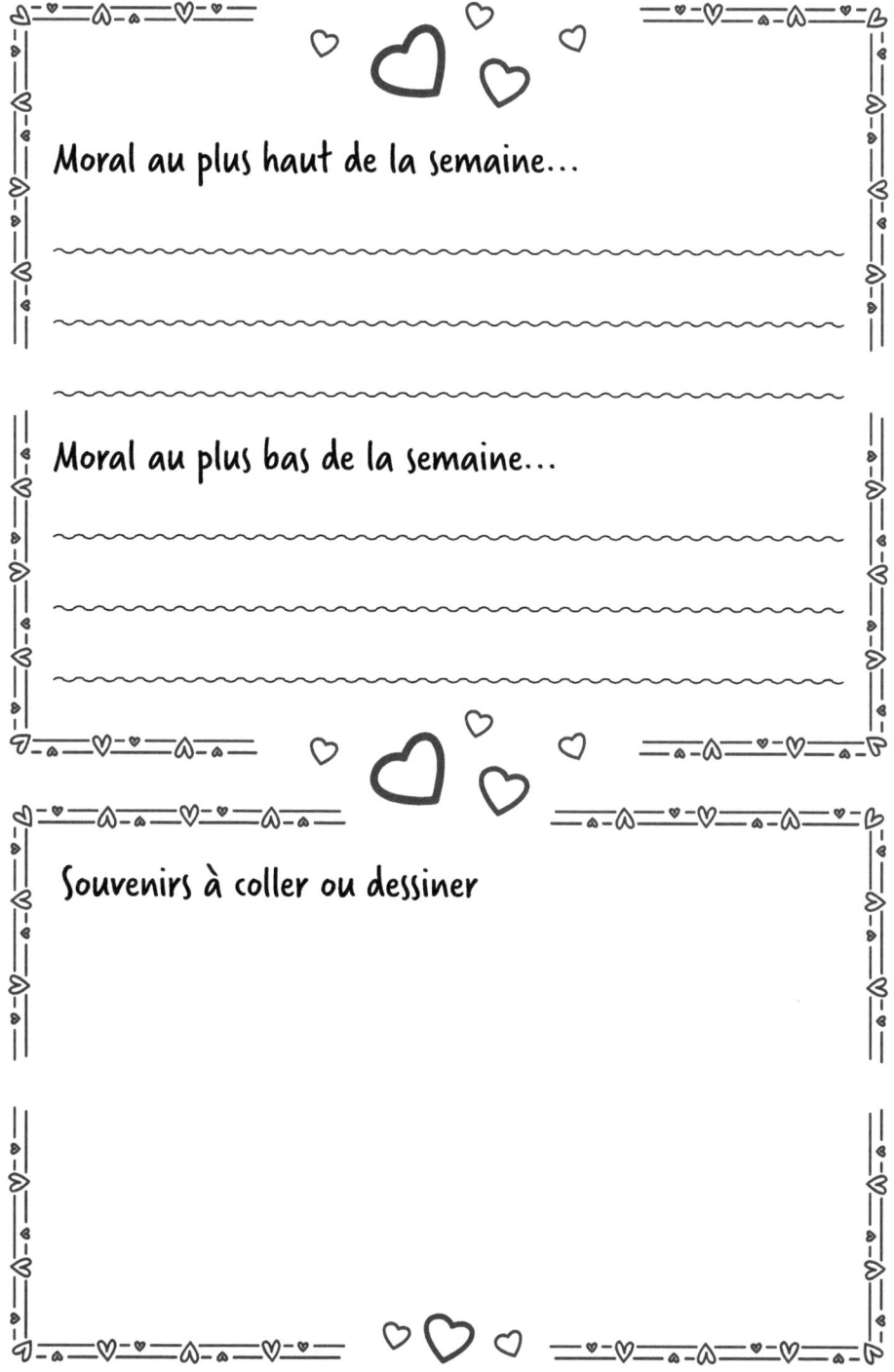

Moral au plus haut de la semaine...

Moral au plus bas de la semaine...

Souvenirs à coller ou dessiner

Semaine 28

Cher journal,   Date: _____

~~~~~~

~~~~~~

~~~~~~

~~~~~~

~~~~~~

~~~~~~

~~~~~~

Mon poids: ....kg

La nourriture qui me fait le plus envie:

voilà comment je me sens:

Circonférence abdominale: .... cm

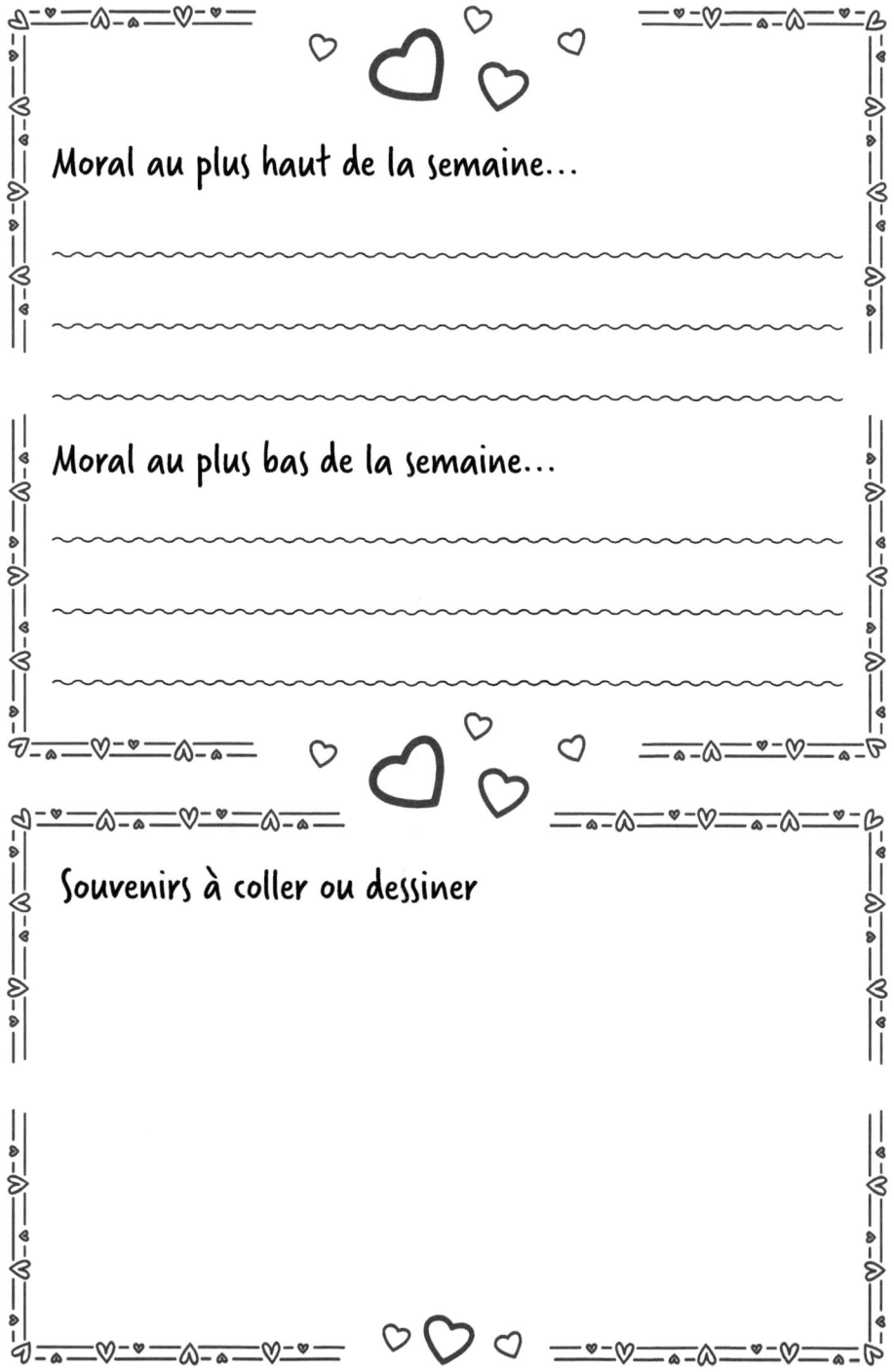

Moral au plus haut de la semaine...

Moral au plus bas de la semaine...

Souvenirs à coller ou dessiner

Photo de mon ventre

7ème mois

Semaine 29

Cher journal,

Date: ~~~~~~~

~~~~~~~~~~~~~~~~~~~~~~~~~~~~~~~~~~~

~~~~~~~~~~~~~~~~~~~~~~~~~~~~~~~~~~~

~~~~~~~~~~~~~~~~~~~~~~~~~~~~~~~~~~~

~~~~~~~~~~~~~~~~~~~~~~~~~~~~~~~~~~~

~~~~~~~~~~~~~~~~~~~~~~~~~~~~~~~~~~~

~~~~~~~~~~~~~~~~~~~~~~~~~~~~~~~~~~~

~~~~~~~~~~~~~~~~~~~~~~~~~~~~~~~~~~~

Mon poids:
.........kg

La nourriture qui me fait le plus envie:

voilà comment je me sens:

Circonférence abdominale:
.... cm

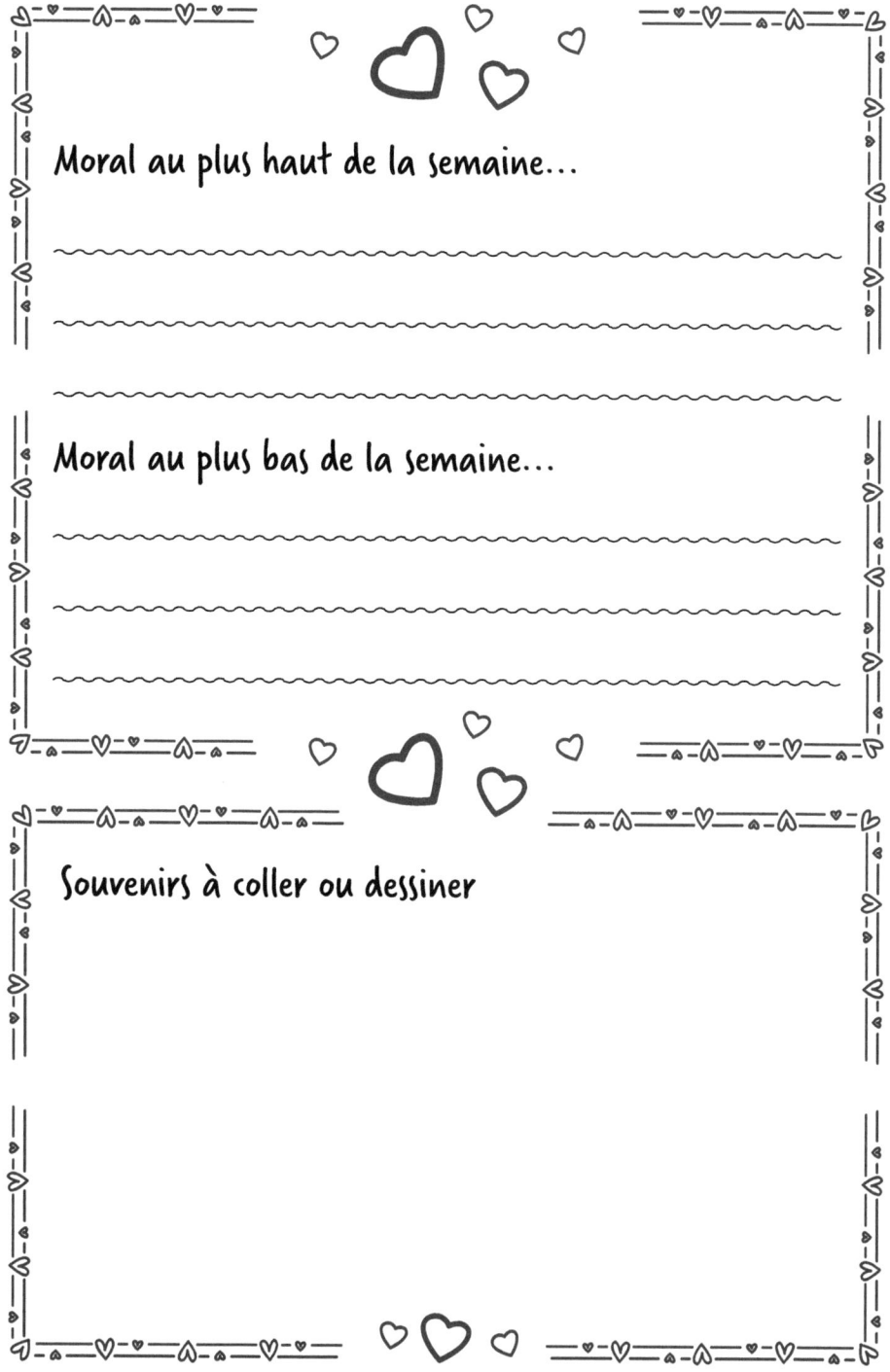

Moral au plus haut de la semaine…

Moral au plus bas de la semaine…

Souvenirs à coller ou dessiner

Semaine **30**

Cher journal,   Date:

~~~~~~

~~~~~~

~~~~~~

~~~~~~

~~~~~~

~~~~~~

Mon poids: ....kg

La nourriture qui me fait le plus envie:

voilà comment je me sens:

Circonférence abdominale: .... cm

Moral au plus haut de la semaine…

Moral au plus bas de la semaine…

Souvenirs à coller ou dessiner

Semaine 31

Cher journal,

Date: ~~~~~

~~~~~~
~~~~~~
~~~~~~
~~~~~~
~~~~~~
~~~~~~

Mon poids: ....kg

La nourriture qui me fait le plus envie:

voilà comment je me sens:

Circonférence abdominale: .... cm

Moral au plus haut de la semaine...

Moral au plus bas de la semaine...

Souvenirs à coller ou dessiner

Semaine **32**

Cher journal,

Date: ~~~~~~~

~~~~~~

~~~~~~

~~~~~~

~~~~~~

~~~~~~

~~~~~~

~~~~~~

Mon
poids: ....kg

La nourriture qui
me fait le plus envie:

voilà comment
je me sens:

Circonférence
abdominale: .... cm

Moral au plus haut de la semaine...

~~~~~~

~~~~~~

Moral au plus bas de la semaine...

~~~~~~

~~~~~~

~~~~~~

Souvenirs à coller ou dessiner

Photo de mon ventre

8ème mois

Semaine 33

Cher journal,   Date: ~~~~~~

~~~~~~

~~~~~~

~~~~~~

~~~~~~

~~~~~~

~~~~~~

Mon poids: ....kg

La nourriture qui me fait le plus envie:

voilà comment je me sens:

Circonférence abdominale: .... cm

Moral au plus haut de la semaine...

Moral au plus bas de la semaine...

Souvenirs à coller ou dessiner

Semaine **34**

Cher journal,   Date:

Mon
poids: ....kg

La nourriture qui
me fait le plus envie:

voilà comment
je me sens:

Circonférence
abdominale: ....cm

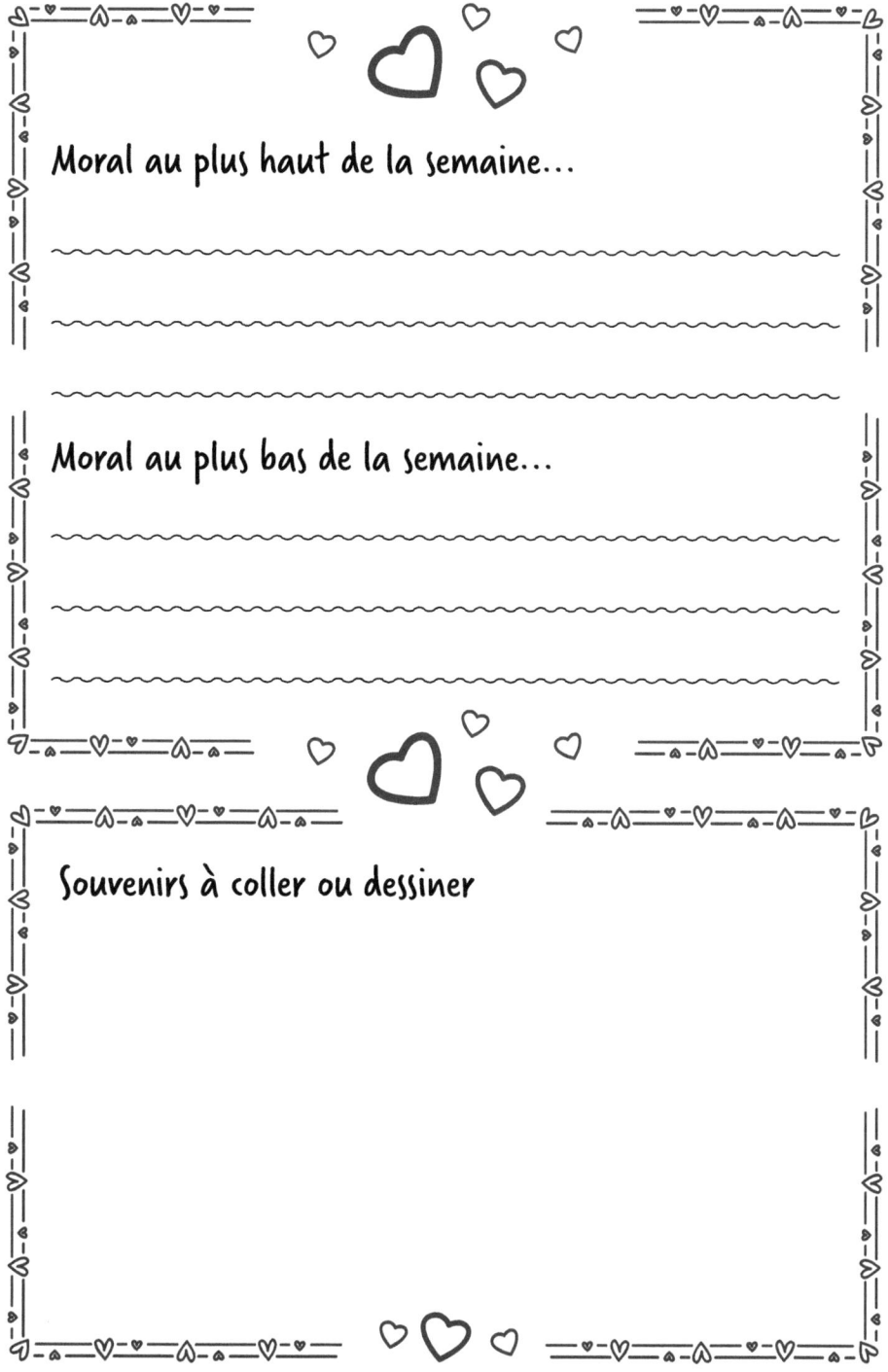

Moral au plus haut de la semaine...

Moral au plus bas de la semaine...

Souvenirs à coller ou dessiner

Semaine 35

Cher journal,   Date: ～～～

～～～～～～～～～～～～～～～～～

～～～～～～～～～～～～～～～～～

～～～～～～～～～～～～～～～～～

～～～～～～～～～～～～～～～～～

～～～～～～～～～～～～～～～～～

～～～～～～～～～～～～～～～～～

～～～～～～～～～～～～～～～～～

Mon poids: ....kg

La nourriture qui me fait le plus envie:

voilà comment je me sens:

Circonférence abdominale: ....cm

Moral au plus haut de la semaine...

Moral au plus bas de la semaine...

Souvenirs à coller ou dessiner

Semaine **36**

Cher journal,

Date: ~~~~~~~~

~~~~~~

~~~~~~

~~~~~~

~~~~~~

~~~~~~

~~~~~~

~~~~~~

Mon
poids:

.........kg

La nourriture qui
me fait le plus envie:

voilà comment
je me sens:

Circonférence
abdominale:

.... cm

Moral au plus haut de la semaine...

~~~~~~~~~~~~~~~~~~~~~~~~~~~~~~~~~~

~~~~~~~~~~~~~~~~~~~~~~~~~~~~~~~~~~

~~~~~~~~~~~~~~~~~~~~~~~~~~~~~~~~~~

Moral au plus bas de la semaine...

~~~~~~~~~~~~~~~~~~~~~~~~~~~~~~~~~~

~~~~~~~~~~~~~~~~~~~~~~~~~~~~~~~~~~

~~~~~~~~~~~~~~~~~~~~~~~~~~~~~~~~~~

Souvenirs à coller ou dessiner

Photo de mon ventre

9ème mois

Semaine 37

Cher journal,   Date:

~~~~~~~~~~~~~~~~~~~~~~~~~~~~~~~~~~~~~~~

~~~~~~~~~~~~~~~~~~~~~~~~~~~~~~~~~~~~~~~

~~~~~~~~~~~~~~~~~~~~~~~~~~~~~~~~~~~~~~~

~~~~~~~~~~~~~~~~~~~~~~~~~~~~~~~~~~~~~~~

~~~~~~~~~~~~~~~~~~~~~~~~~~~~~~~~~~~~~~~

~~~~~~~~~~~~~~~~~~~~~~~~~~~~~~~~~~~~~~~

~~~~~~~~~~~~~~~~~~~~~~~~~~~~~~~~~~~~~~~

Mon poids: ....kg

La nourriture qui me fait le plus envie:

voilà comment je me sens:

Circonférence abdominale: .... cm

Moral au plus haut de la semaine...

Moral au plus bas de la semaine...

Souvenirs à coller ou dessiner

Semaine **38**

Cher journal,   Date:

~~~~~~

~~~~~~

~~~~~~

~~~~~~

~~~~~~

~~~~~~

~~~~~~

Mon poids: ....kg

La nourriture qui me fait le plus envie:

voilà comment je me sens:

Circonférence abdominale: .... cm

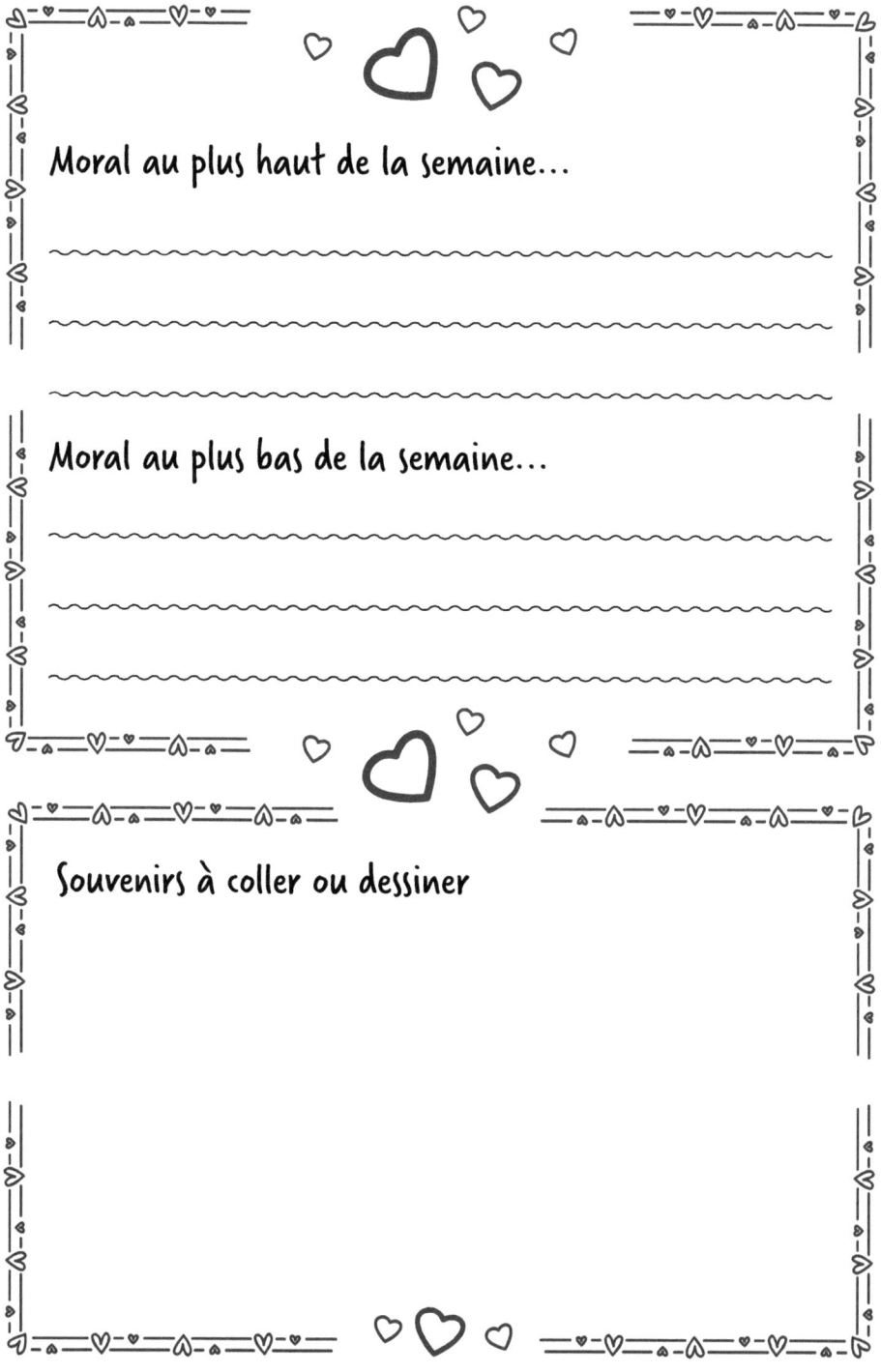

Moral au plus haut de la semaine...

~~~~~~

~~~~~~

Moral au plus bas de la semaine...

~~~~~~

~~~~~~

~~~~~~

Souvenirs à coller ou dessiner

Semaine 39

Cher journal,　　　　　　　　Date: ~~~~~~~

~~~~~~

~~~~~~

~~~~~~

~~~~~~

~~~~~~

~~~~~~

~~~~~~

Mon poids: ....kg

La nourriture qui me fait le plus envie:

voilà comment je me sens:

Circonférence abdominale: .... cm

Moral au plus haut de la semaine...

~~~~~~~~~~~~~~~~~~~~~~~~~~~~~~~~~~~~~~

~~~~~~~~~~~~~~~~~~~~~~~~~~~~~~~~~~~~~~

~~~~~~~~~~~~~~~~~~~~~~~~~~~~~~~~~~~~~~

Moral au plus bas de la semaine...

~~~~~~~~~~~~~~~~~~~~~~~~~~~~~~~~~~~~~~

~~~~~~~~~~~~~~~~~~~~~~~~~~~~~~~~~~~~~~

~~~~~~~~~~~~~~~~~~~~~~~~~~~~~~~~~~~~~~

Souvenirs à coller ou dessiner

Semaine **40**

Cher journal,

Date: ~~~~

~~~~~~~~~~~~~~~~~~~~~~~~~~~~~~~~~~

~~~~~~~~~~~~~~~~~~~~~~~~~~~~~~~~~~

~~~~~~~~~~~~~~~~~~~~~~~~~~~~~~~~~~

~~~~~~~~~~~~~~~~~~~~~~~~~~~~~~~~~~

~~~~~~~~~~~~~~~~~~~~~~~~~~~~~~~~~~

~~~~~~~~~~~~~~~~~~~~~~~~~~~~~~~~~~

Mon poids: ....kg

La nourriture qui me fait le plus envie:

voilà comment je me sens:

Circonférence abdominale: .... cm

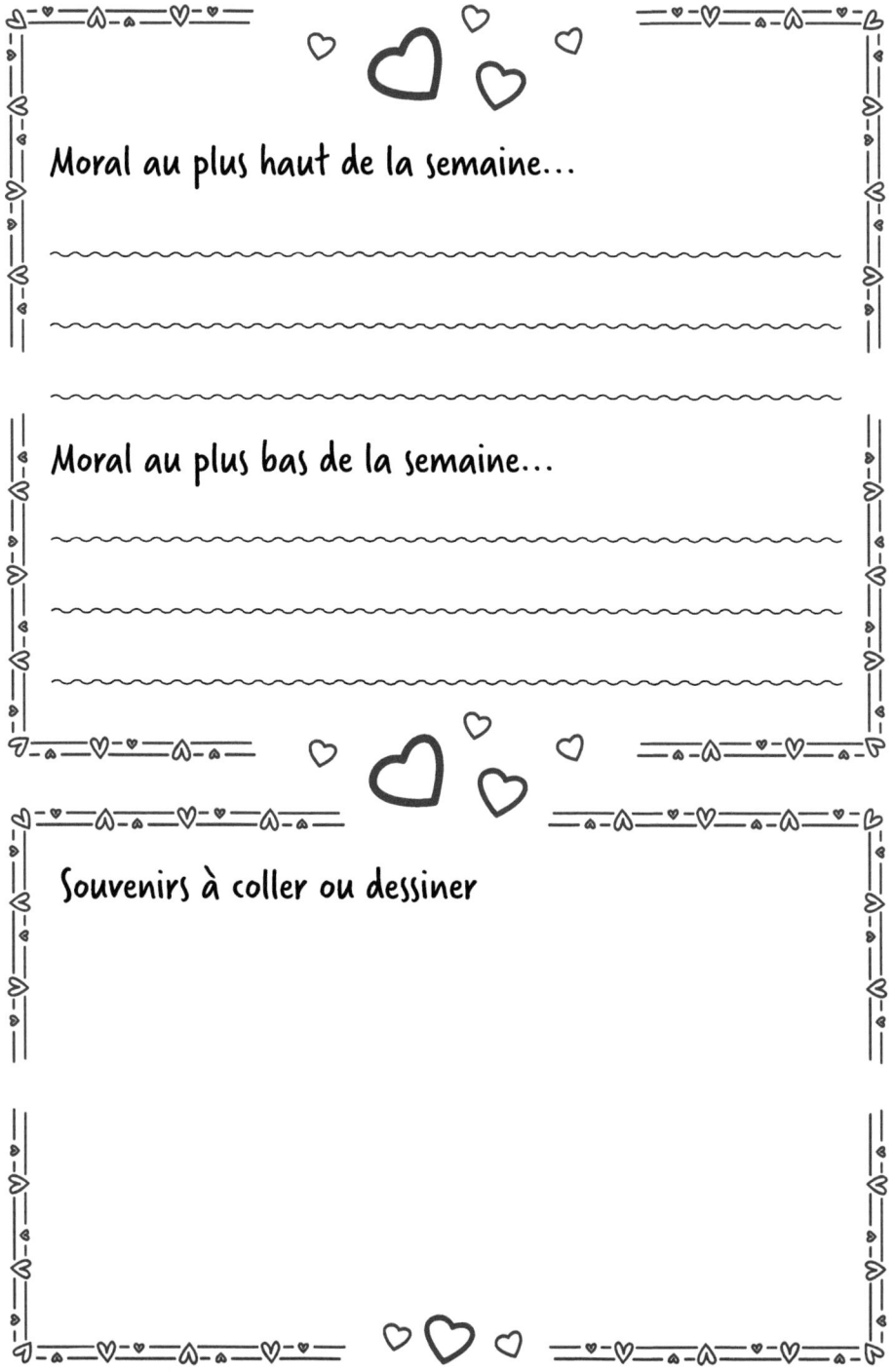

Moral au plus haut de la semaine...

Moral au plus bas de la semaine...

Souvenirs à coller ou dessiner

Photo de mon ventre

10ème mois

Semaine 41

Cher journal,   Date: ~~~~~~~

~~~~~~

~~~~~~

~~~~~~

~~~~~~

~~~~~~

~~~~~~

~~~~~~

Mon poids: ....kg

La nourriture qui me fait le plus envie:

voilà comment je me sens:

Circonférence abdominale: .... cm

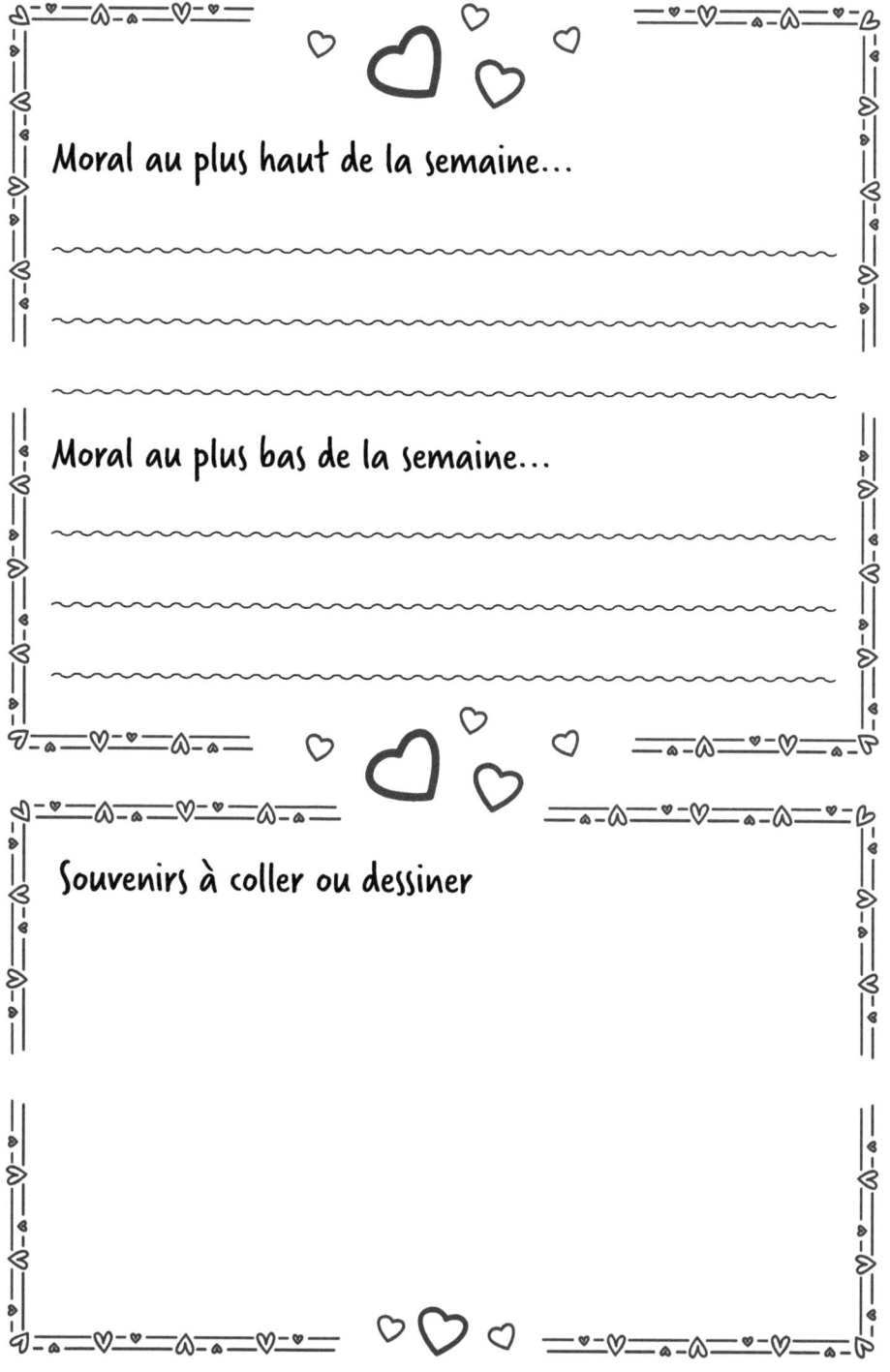

Moral au plus haut de la semaine...

Moral au plus bas de la semaine...

Souvenirs à coller ou dessiner

Chaque voyage est le rêve d'une nouvelle naissance.

Mes expériences

Les moments difficiles:

~~~~~~

~~~~~~

~~~~~~

~~~~~~

Les étapes essentielles pour moi:

~~~~~~

~~~~~~

~~~~~~

~~~~~~

Ce que je ferais différemment la prochaine fois:

~~~~~~

~~~~~~

~~~~~~

~~~~~~

Se sera ton prénom

Pourquoi nous avons choisi ce prénom:

~~~~~~

~~~~~~

~~~~~~

~~~~~~

~~~~~~

Photos et Souvenirs

Je te souhaite:

C'est toi:

Nom: ~~~~~~~~~~~~~~~~~~~~~~~~~~

Anniversaire: ~~~~~~~~~~~~~~~~~~~~

Poids: ~~~~~~~~~~~~~~~~~~~~~~~~~

Nous voici:

Impressum

Feedback:
feedback@mertens-publication.de

Edition : Books on Demand,
12/14 rond-Point des Champs-Elysées, 75008 Paris
Impression : BoD - Books on Demand, Norderstedt, Allemagne
ISBN :
9782322128174

Mertens Ventures Ltd.
Tefkrou Anthia No 2 Office 301
6045 Larnaca
Zypern
E-Mail: kontakt@mertens-publication.de

Dépôt légal : juillet 2019